이제 개인의 시대다

이 제

언택트 시대,
노출 플랫폼에서
나를 알리며 사는 법

개 인 의

시 대 다

피톤치드

언택트 시대, 어떻게 살 것인가?

전 세계적으로 확산된 코로나 영향으로 많은 것이 변하고 있다. 잭 도시(Jack Dorsey) 트위터 CEO는 "직원들이 원하면 무기한 (forever) 재택근무를 할 수 있게 하겠다."라고 선언했다. 코로나로 언택트(Untact) 시대가 확대되면서 근무 형태가 바뀌고 있다. 정해진 장소에 모여 조직화해서 함께 일하던 방식에서 사람들이 원하는 곳에서 개인별로 일하는 방식으로 변하고 있다. 또한 직장 선택도 장소가 아닌 일이 있는 곳이 기준이 되고 있다. 커다란 사옥을 짓고 사람을 모아서 일하는 방식이 아닌, 각자 흩어져 최적의 장소에서 일하는 것이다.

한편으로 4차 산업혁명 시대가 도래하면서 우리 사회는 급속하게 조직의 시대에서 개인의 시대로 변하고 있다. 조직의 시대에서는 자신이 속한 조직에 충성하면 승진하고 성공할 수 있었다. 그러나 개인의 시대는 다르다. 개인의 시대에서는 나 자신이 먼저라는 인식이 있다. 4차 산업혁명 시대가 오면서 로봇, 인공지능(AI : Artificial Intelligence) 기술의 발전으로 일자리가 점점 사라지고 있다. 무고용 시대가 성큼 다가온 것이다.

이러한 사회 변화 속에서 개인은 어떻게 존재하고 어떻게 살 것인가가 최대 화두다. 긱 이코노미(Gig Economy: 빠른 시대 변화에 대응하기 위해 비정규 프리랜서 근로 형태가 확산되는 경제 현상)의 등장으로 직업의 개념도 변하고 있다. 개인의 시대에는 정규직에서 비정규직 형태(프리랜서)로 변화되었다. 그러다 보니 많은 사람이 공무원이 되거나 대기업에 취업하기 위해서 자신의 시간과 자원을 쏟아 붓고 있다. 자리가 한정되다 보니 공공기관, 대기업 입사 시험 경쟁률이 하늘을 찌른다. 한편 공공기관, 대기업에 취업했다고 행복한 것은 아니다. 직장인은 직장인대로 행복도가 점점 떨어지고 있다. 산업화-민주화 시대(50~60대)에는 '노력하면 성공할 수 있다.'는 답이 있었다. 그러나 개인의 시대에는 답이 없다. 이제 조직의 시대 방식으로는 성공하기 어렵다. 그 누구도 한 개인을 보살펴주지 않는다. 이제 스스로 일어서야 한다.

'성공의 답이 없음을 인정하고 새로운 답을 찾아야 한다.'는 가이드를 제시하기 위해서 이 책을 쓰게 되었다. 개인의 시대는 많은 변화를 주문할 것이다. 이런 변화에 필자는 개인들이 어떻게 대응할지에 대한 대안을 고민하게 하고 일, 성공, 행복을 스스로 디자인하는 가이드를 제시하고자 한다. 그 핵심에 '노출'이라는 역량이 있다. 이 책은 자기노출을 통해서 기존의 룰, 삶의 태도, 행복에 대한 개념을 바꿔야 한다고 강조한다.

책은 5장으로 구성되었다. 1장에서는 '조직의 시대에서 개인의 시대로', '개인의 시대, 왜 노출인가?', '조직을 넘어 세상과 소통하라', '드러나지 않는 나'를 찾아가기, '자아실현, 자존감 그리고 가치', '스펙 쌓기가 아니라 노출 쌓기를 하라', '일하는 사람, 노출하는 사람' 등 개인의 시대에 살아남기 위한 노출에 대한 개념과 중요성을 이야기했다.

2장에서는 '나만의 노출 플랫폼 만들기', '진단하기: 드러난 나 알기', '노출 콘셉트 설정하기: 드러나지 않은 나 찾기', '콘텐츠 만들기: 바라는 나로 태어나기', '노출하기: 나를 세상에 전달하기' 등 노출 플랫폼을 만드는 방법을 제시했다.

3장에서는 '나만의 킬러 노출 콘텐츠를 만들어라', '와서 머물게 하라', '사람을 연결하라', '남을 잘 되게 하라', 'SNS 바다에 빠져라', '손짓하라', '수익 모델을 그려라' 등 개인의 시대에 생존할 수 있는 7가지 법칙을 제시했다.

4장에서는 '꿈을 가져야 하는 이유는', 가치 사회로 가는 길은', '진정한 성공이란', '어떻게 하면 행복하게 살 수 있을까', '경쟁을 뛰어 넘는 삶의 방정식', '어떻게 돈으로부터 독립할 수 있나', '노출로 직업 관점을 바꿀 수 있나' 등 사람들이 살아가면서 가장 중요하게 생각하는 것들을 노출의 관점에서 질문하고 대안을 제시했다.

마지막 5장에서는 성공만을 좇는 삶이 아닌 가치 있는 삶을 살기 위해 '개인의 시대, 다른 각도에서 바라보자'라고 제시했다.

성공하는 삶을 다룬 책이 많다. 이런 책들은 일반적으로 사회가 만들어 놓은 규범에 맞추어 생활해야 하고, 그렇게 만들어진 규범을 잘 따르는 사람들이 성공했다고 이야기한다. 그러나 개인의 시대에는 사회적 통념에 얽매이지 않아야 한다. 개인의 시대에는 '노출'로 무장한 사람이 세상을 주도할 것이다. 이제 기존의 틀을 뛰어 넘어 세상과 소통하는 사람이 사회를 이끌어갈 것이다. 개인의 시대의 중심 사상에 자기 노출이 있다. 자기만의 유일한 존재감을 가지고 세상을 향해 소리칠 것인가? 아니면 남이 만들어 놓은 세상에 주저앉아 있을 것인가?

이 책은 유일한 존재감으로 세상을 향해 소리치기 원하는 사람들을 위한 책이다. 또한 조직의 시대에서의 성공방정식을 과감하게 바꾸려는 사람을 위해 쓰였다. 자기만의 소리로 새로운 세상을 꿈꾸는 사람들에게 이 책을 바친다.

은서기

목차

1장

개인의 시대에서
살아남기

조직의 시대가 가고 개인의 시대가 온다

산에서 내려오는데 누군가 물었다.

"정상까지 얼마나 더 가야 하나요?"

"당신이 선 곳이 정상입니다."

내 대답에 그 사람은 어리둥절한 표현을 지었다.

산악인들에게는 '등정주의'와 '등로주의'라는 것이 있다. 등정주의는 최고, 최초에 가치를 두고 등로주의는 어려운 루트를 직접 개척하며 역경을 극복하는 데 가치를 둔다. 산악인마다 추구하는 방식에 따라 의미가 다르다. 산의 정상은 인간이 임의로 만들어 놓은 것이다. 정상석도 인간이 세워 놨다. 원래 산에는 정상이 없다. 한편 사회는 이런 수많은 정상을 만들어 놓고 인간들을 치열하게 경쟁시킨다. 정상은 조직의 시대가 만들어 놓은 산물이다.

개인의 시대에는 개인이 정상을 만들면 된다.

세상은 빠르게 변하고 있다. 이제 내가 있는 곳이 사무실이고, 내가 있는 곳이 진료실이고, 내가 있는 곳이 강의실이고, 내가 있는 곳이 민원실이다. 이처럼 4차 산업혁명과 언택트 시대가 개인의 시대를 가속화하고 있다. 미국의 시사주간지 〈TIME〉은 2006년 올해의 인물로 '당신(You)', 즉 개인을 선정했다. 유튜브, 위키피디아 등을 근거로 "개인들은 소수로부터 권력을 가져왔다. 개인들은 세상을 바꾸고 있을 뿐 아니라 세상이 변화하는 방식마저도 바꾸어 낼 것"이라고 얘기했다. 10년이 훨씬 더 흐른 지금, 세상은 그때보다 더 급속하게 변하고 있다. 특히 모바일, SNS(Social Networking Service), 인공지능의 발달은 사람들의 생활방식을 혁신적으로 변화시키고 있다.

조직의 시대에는 개인이 조직에 충성하면 승진하고, 정년을 보장받고, 어느 정도 안정된 삶을 살 수 있었다. 사람들은 조직 속에서 충실하게 일해 승진하고 정년을 보장받았다. 그러나 4차 산업혁명, 소확행, 잡노마드, 긱 이코노믹, 밀레니얼 세대(Millennial Generation) 등장 등 사회의 변화에 따라 중요한 건 '조직'보다는 '나' 자신이라는 인식이 확산되고 있다. 더 이상 조직을 위해 희생하지 않으려 한다. 개인이 우선이 된 것이다.

개인의 시대는 첫째, 업(業)의 개념이 바뀐다. 글로벌 IT 대기업에 입사한 P씨는 2년 만에 파일럿 시험을 보겠다며 회사를 퇴사했다. 외국의 명문대를 졸업한 그는 미래가 불확실했지만 사표를 던졌다. 물론 그는 사표를 쓰기 전에 상사와 동료들과 많은 이야기를 나눴다. 대부분이 그를 말렸다. 하지만 그는 자신이 하고 싶은 일을 하면서 성장할 기회를 찾고 싶었다. 파일럿이 되려면 항공학교도 다니고, 일정 기간 교육을 받아 자격증도 취득하고, 일정 시간 비행 경험도 있어야 했다. 그러나 그는 높은 연봉을 뿌리치고 회사를 떠났다.

2016년 한국경영자총협회가 312개 기업을 대상으로 조사한 대졸 신입사원의 1년 내 퇴사율은 27.7%에 달한다. '자아실현'이 힘들다고 판단해서다. 이런 추세는 시간이 갈수록 높아질 것이다. 조직의 시대에 살았던 기성세대들은 직업의 귀천을 따지고 회사와 나를 동일시했다. 그러나 개인의 시대에 살고 있는 세대는 기성세대처럼 조직을 위해서 자신을 더 이상 희생하지 않으려 한다.

미국 프리랜서 매칭 플랫폼 업위크는 10년 뒤에는 프리랜서가 정규직의 수를 넘어 미국 노동시장의 주류가 될 것이라고 전망한다. 전문가들은 이런 노동시장의 변화가 가속화할 것으로 내다본다. 긱 이코노믹 등 사람들의 일에 대한 가치관도 달라지고, 인공지능 기반 플랫폼 비즈니스의 출현으로 고용의 형태는 소수의 전문가 그룹인 정규직과 다수의 비정규직(프리랜서)으로 양분될 것이다.

한편 기업들도 직원을 직접 고용하는 방식에서 프리랜서 형태로 계약해 운영할 것이다. 즉, 기업은 이런 프리랜서들이 돈을 벌수 있는 플랫폼을 제공하는 형태로 바뀌어야 생존할 것이다. 이제 조직의 시대의 문화로는 개인뿐 아니라 조직도 생존할 수 없게 되었다.

둘째, 잡노마드족 그리고 디지털 노마드의 출현이다. 직장에 구애받지 않고, 원하는 곳에서 원하는 시간에 일하면서 살고 싶은 사람들이 많아지고 있다. 잡노마드란 '직업(Job)을 따라 유랑하는 유목민(nomad)'이라는 의미로 정규직의 개념이 사라지면서 일자리를 찾아 이곳저곳으로 옮겨 다니는 사람이다. 이들은 자기가 하고 싶은 일, 자기가 잘하는 일을 함으로써 조직에 속하는 것보다 자아실현을 중시한다. 또한 외형적인 것보다 내적인 가치를 중요하게 여긴다.

지금까지 대부분의 사람들은 먹고사는 문제로 돈을 벌기 위해서 직장 내의 힘든 인간관계를 이어나갔다. 그러다 보니 조직이 시키는 일을 해야 했다. 조직의 명령을 따르지 않으면 실업자가 되기 때문이다. 아무리 상처를 입어도, 자존심이 상해도 조직을 위해 충성하는 수밖에 없는 구조 속에서 살아왔다. 사람들은 많은 시간과 돈 그리고 노력을 투자해 새로운 조직에 편입이 되어 돈벌이를 할 수 있었다. 또한 그 문을 통과하기 위해서 치열한 경쟁을 뚫어야 했다.

그러나 지금은 아주 적은 비용과 노력으로도 어디서나 쉽게 이용할 수 있는 플랫폼이 있다. 언제 어디서든 원하는 곳에서 일하고 살아갈 수 있다. 특정 조직이 제공하는 비즈니스 플랫폼에 접속해 원하는 일을 할 수 있다. 디지털 노마드 시대가 된 것이다.

자신이 잘 할 수 있는 것이 있다면 시간과 공간과 관계없이 플랫폼에 접속해서 능력을 무한 발휘할 수 있는 시대다.

요즘 조직의 리더들은 부하 직원을 다루기가 어렵다고 한탄한다. "구성원들이 왜 이렇게 조직 충성도가 떨어지는지", "왜 이렇게 개인 중심으로 생각하는지" 이해하는데 어려움을 겪는다. 리더도 조직원도 행복하지 않다. 조직의 시대에 맞는 옷을 입고 있기 때문이다. 조직의 시대의 옷을 입고 산다면 치열한 경쟁에서 살아남을 수 없다. 이제 '개인의 시대'에 맞는 체제를 갖추어야 조직이든 개인이든 생존할 수 있다.

개인의 시대에 생존하기 위해서는 어떻게 해야 하는가? 먼저 나에게 마지막 남아있는 희망의 언어를 찾아라. 사회는 갈수록 일거리가 줄고 있다. 사회는 절망적이다. 대학을 졸업해도 일거리가 없어 집, 카페, 도서관에서 시간을 보내는 사람들이 늘고 있다. 국가나 기업 등 조직은 그들 전부를 수용할 역량이 없다.

일자리가 있고 조직에 속한 사람들도 불안하다. 언제 어떻게 직장을 잃을지 모른다. 경쟁에서 낙오될지 모른다. 인공지능 등 기술의 발전은 인간의 역량을 한없이 낮아지게 만들고 있다. 조직은 사람을 고용하지 않고 운영할 수 있는 환경으로 달려가고 있다. 조직은 더 이상 구성원들에게 꿈을 주거나 자아실현을 할 수 있는 환경을 제공하지 못한다. 구성원들은 절망할 수밖에 없다.

그렇다면 개인에게 남아있는 희망은 무엇인가? 한마디로 노출이다. 노출을 통해 개인이 성장할 수 있는 플랫폼을 만드는 것이다. 한 개인의 역량으로 엄청난 부를 축적하거나, 명성이 있는 조직에 들어가지 못해도, 자신이 원하는 삶을 살며 자아실현을 하는 길이 있다.

조직의 시대에서 개인의 시대로 전환하기 위해서는 개인의 '사명화(使命化)'가 필요하다. 사명화란 노출 플랫폼에 올려놓을 자기정체성을 만드는 것이다. 자기정체성은 꽃이 자기만의 향기로운 꿀을 가지고 벌을 유혹하듯 대중을 유인할 수 있는 자기만의 향기다. 조직의 시대에는 조직이 원하는 색깔의 옷을 입으면 됐지만, 개인의 시대에는 자신만의 색깔 옷을 입어야 한다. 그것이 바로 개인의 사명(使命)이다.

개인의 시대에는 중산층이 대부분 몰락할 것이다. 중산층은 조직에 속해서 사회가 인정하는 위치에 오르고, 그에 상응하는 연봉을 받아왔다. 개인의 시대에는 단순 반복 작업이나 중간 수준의 일을 기계가 대신한다. 그래서 이 분야의 노동 수요와 임금이 줄게 된다. 반면 기계가 할 수 없는 창조적인 일을 하는 사람이 높은 연봉을 받고 생존하게 된다.

또한 개인의 시대에서는 사회의 기본 원칙이 사라진다. 유일한 원칙은 '사명'이다. 국가와 국가, 국가와 기업, 국가와 개인, 조직과 조직, 조직과 개인, 정규직과 비정규직이 벌이는 전투에서 경계가 사라진다. 누구나 경쟁자가 되고 적이 된다. 여기서 살아남기 위해서는 사명으로 무장해야 한다. 그리고 대중의 마음을 얻어야 한다. 사회의 변화 속도와 그 속성을 제대로 알고 이에 대한 대응 능력을 키워야 한다.

개인의 시대에는 개인의 사명으로 기회를 찾고 위기를 돌파해야 한다. 여기서 사명이란 통찰력을 기반으로 만들어진 자신의 상품화다. 자기 자신이 상품이 되는 것이다. 대중을 유인할 수 있는 자신만의 콘텐츠, 브랜드가 필요하다. 폭넓은 시선으로 창의성을 발휘하고, 변화를 선도할 수 있는 상품이 되어야 한다.

세계적인 경영학자 톰 피터스(Tom Peters)는 "시장에서 상표 있는 상품이 승자인 것처럼 상품화된 사람이 상표 없는 사람을 이길 것이다. 자신의 존재와 능력에 대한 인지도를 높이고, 상품화한 것을 시장에서 팔아라."라고 얘기했다. 자신을 상품화해야 살아남을 수 있다.

조직의 시대에는 그 시대에 맞는 성공방정식이 있었다. 그러나 개인의 시대에는 더 이상 그 방정식이 통하지 않는다. 개인의 방식에 맞는 방정식을 찾아야 한다. 어떻게 할 것인가?

개인의 시대, 왜 노출인가?

"하루에 3분의 2를 자기 맘대로 쓰지 못하는 사람은 노예다."
라고 니체는 말했다. 주인의 삶을 사는 사람은 시간을 스스로 통
제한다. 주인의 삶을 살지 못하는 사람은 시간을 자기 뜻대로 사
용하지 못하고 있다. 누군가 만들어 놓은 계획에 따라 산다. 자기
의 생각과 의지에 의한 삶이 아니라 다른 사람이 쳐놓은 덫에 걸
려 살아간다.

사회는 점점 다원화되고 복잡해지며 치열한 경쟁 속으로 빠져
들고 있다. 사람들은 더 움츠러들고 자신감과 자존감을 잃어 간
다. 존재감은 점점 작아져 간다. 한편 인간은 일을 통해서 자신의
자존감을 찾으려고 한다. 일은 먹고사는 문제뿐 아니라 자아실현,
자존감 그리고 가치 있는 사람임을 증명한다. 일을 통해서 자신의

존재감을 찾기 때문이다.

그러나 아무리 노력해도 결과는 미미하고 성공하는 데는 한계가 있다. 조직생활을 하면서 성공하는 사람은 얼마 되지 않는다. 대기업에서 임원으로 승진하는 사람은 2,000명 중 7명 정도라고 한다. 또 일을 많이 한다고 행복지수가 높은 것도 아니다. 자기 주도적인 삶과 멀기 때문이다. 자기 주도적인 삶을 살지 못하는 사람들은 자기만의 성과나 결과가 없이 하루 종일 바쁘기만 하다.

인간은 행복을 추구하는 동물이다. 행복해지기 위해서는 가치 있는 사람이 되어야 한다. 그런 사람이 되기 위해서는 자신의 생각이나 감정을 잘 표현할 줄 알아야 한다. 자신의 생각과 감정을 전달하는 것이 '언어(言語)'다. 언어는 인간에게 자아실현을 할 수 있게 하고 자존감을 심어준다. 인간의 존재감은 자신이 사용하는 언어에서 나온다.

그러면 인간의 자존감과 가치 있는 사람을 만드는 언어란 무엇인가? 사전적 정의에 따르면, 언어는 사람들이 자신의 생각이나 느낌을 다른 사람에게 나타내는 방법 또는 체계라고 한다. 사람들은 자신의 생각을 표현하고 다른 사람들과 소통하기 위해 언어를 사용한다. 행복한 삶을 사느냐 아니냐는 제대로 된 언어를 사용하느냐에 달려있다. 가치 있는 사람으로 인정받느냐도 어떤 언어를 사용하느냐에 달려있다. 대부분의 사람들은 이런 이치를 잘 모르고 왜 나는 성공하지 못하고 불행한지 고민한다.

언어는 언제부터 사용했을까? 언어의 종류는 어떻게 될까? 지금과 같은 구술 언어가 생긴 것은 20만 년 전이라고 한다. 긴 세월 동안 사람들은 말 대신 소리와 몸짓 등의 신체언어로 소통하며 진화해 왔다. 언어는 다섯 가지로 분류된다.

제1의 언어는 몸짓언어(Body Language)다. 몸짓언어는 신체언어라고도 한다. 손짓, 발짓, 표정 등이 있다. 사람들은 문자가 없던 원시 시대에 몸짓(손동작, 몸동작, 얼굴 표정, 자세 등)으로 자신의 생각이나 느낌을 전달하며 소통했다. 그러나 인류가 진화하고 발전하면서 여러 형태의 언어가 생기게 되었다.

제2의 언어는 음성언어(Spoken Language)다. 음성언어는 소리로 되어 있다. 청각에 의존하며, 말하고 듣는 순간 그 장소에만 존재한다. 서로 대면한 상태에서 사용한다. 음성언어는 청자의 반응을 쉽게 반영할 수 있고, 비교적 쉽게 메시지 전달이 가능하다.

제3의 언어는 문자언어(Written Language)다. 문자언어는 글자를 매개로 표현된다. 문자언어는 기록되는 속성이 있다. 시각에 의존하고 다른 곳으로 이동이 가능하다. 또한 상대방이 없어도 사용할 수 있다. 시간의 제약을 받지 않고 수정이 가능하다. 영구적으로 많은 사람에게 동일한 메시지를 전달할 수 있다. 문자언어는 복잡한 내용을 논리적으로 전달할 수 있고 생각, 느낌, 지식 등을 기록하여 후손에게 계승할 수 있다.

제4의 언어는 시각언어(Visual Language)다. 몸짓·음성·문자 이외의 시각적인 표현, 점·선·면·색채가 지닌 조형적 요소를 언어로 구성한 것이다. 비디오, 사진, 영화, 텔레비전과 같이 시각적인 요소를 통해 메시지를 전달한다. 음성, 문자, 이미지 언어를 총체적으로 결합하여 각 언어들의 특성을 공유하는 유기적인 언어다.

캘리포니아 샌디애고 주립대학교의 심리학자 닐 콘(Neil Cohn)은 "인간이 자신의 생각을 나타내는 방법은 세 가지다. 손과 표정을 이용한 몸짓, 입을 이용한 말 그리고 바로 그림이다."라고 말했다. 생각의 핵심은 이러한 의미들이 가진 행위들이 규칙적인 순서로 전달될 때 결국 하나의 언어로 작동한다는 의미이다. '백문이불여일견(百聞以不如一見)'이라는 말이 있다. 이는 여러 번의 음성이나 자세한 문자언어보다 시각자료 하나가 메시지를 잘 전달한다는 의미다. 디지털 기기의 발달로 시각언어의 중요성은 더욱 중요해지고 있다.

제5의 언어는 노출언어(Exposure Language)다. 노출언어는 이 책의 핵심 개념이다. 노출의 사전적 의미는 '보거나 알 수 있도록 드러나거나 드러냄'이다. 노출언어는 지금까지 '드러나지 않은 나'를 세상에 전달하는 언어다. 다시 말해 사회적 통념(문화, 법규, 규범, 규정 등)에 얽매이지 않고 자신의 존재감을 알리는 언어이다.

인간은 언어를 통해 서로를 인지하고 서로를 인정하며 성장해 나간다. 전통적인 언어체계에서 이를 커뮤니케이션이라고 한다. 자신의 생각, 느낌(감정)을 상대방에게 언어로 전달해 상호이해에 도달했을 때 커뮤니케이션이 이루어진다고 느낀다. 이런 언어 방식에서는 말하는 사람의 의도가 듣는 사람에게 100% 전해지지 않는다. 말하는 사람의 표현 능력, 듣는 사람의 이해도, 주변 환경, 그 당시의 상황에 따라 다르다. 또한 이런 문제를 극복하기 위해 많은 의식과 노력을 해왔다.

그러나 노출언어 체계에서는 그럴 필요가 없다. 이전의 언어체계가 양방향 소통구조였다면, 노출언어는 단 방향, 일방적 언어구조이기 때문이다. 이전의 언어가 '드러난 나'를 전달한다면 노출언어는 '드러나지 않은 나'를 전달한다. 노출언어는 자기를 둘러싼 사회적 통념에 물든 사람들을 의식할 필요가 없다. 의식하는 순간 '드러난 나'를 표현할 뿐이기 때문이다.

노출언어는 나의 새로운 존재감을 세상에 알리는 수단이다. 노출언어는 '드러나지 않은 자기'를 구축하는 것이다. 조직의 시대에 사람들은 사회가 만들어 놓은 규범에 맞추어 생활해 왔다. 그 만들어진 규범을 잘 따르는 사람들이 성공했다. 그러나 노출언어는 사회적 통념에 얽매이지 않는 삶을 살아가게 한다. 개인의 시대에는 노출로 무장한 사람이 세상을 주도할 것이다. 지금까지 성공은 남들이 조정하고 지시하는대로 움직이면 됐지만, 개인의 시대는 다르다. 성공을 자신이 조정할 수 있는 시대다. 성공을 원하는가? 노출언어를 사용하라.

조직을 넘어 자신을 노출하라

"사람들은 끊임없이 무언가를 생각하지만, 그 생각 중에서 표현되는 것은 너무나 적다. 그 과정에서 많은 정보가 실종된다. 우리는 사람들의 생각 중에서 그들이 표현하는 것만을 알 뿐이다."

베르나르 베르베르(Bernard Werber)가 쓴 《뇌》에 나오는 말이다. 사람에게 표현이 얼마나 중요한지 일깨운다.

기존 세대와 다른 인종인 밀레니얼 세대가 등장했다. 이들은 1981년에서 1996년 사이에 태어난 사람들로 '나', '경험', '재미'라는 가치에 더 중심을 두고 사고한다. '소유'보다는 '경험'에 투자하고, 인맥을 관리할 시간에 자신에게 집중한다. 남에게 어떻게 보일 것인가 보다 나에게 얼마나 큰 만족을 줄 것인가에 관심이 있다. 이들은 SNS가 발전하면서 함께 성장했다. 사람들을 직접 만나 소통하는 것보다는 가상현실이나 SNS에서 소통하는 것을 편안해 한다. 그 속에서 자신을 발견하고 재미를 느끼며 자신의 존재감을 찾는데 관심이 많다.

이들은 최강의 소비 신인류로 세상의 판을 바꿔갈 것이다. '나'와 '현재'를 최우선으로 하는 세대, 향후 20년 사회 트렌드를 주도해 갈 세력이다. 이 변화의 핵심에 '노출'이 있다.

그러면 노출이란 무엇인가? 사전적인 의미로 노출은 '보이거나 알 수 있도록 드러내는 것'이다. 유사한 의미로 '말이나 행동으로 드러내어 나타내는 것', '글이나 그림, 음악 등의 예술로 나타내는 것'이다.

인간관계에서 자신을 어떻게 표현하느냐에 따라 인생의 성공과 실패가 좌우되어 왔다. 자신을 표현하는 방식에는 자기표현(Self-presentation)과 자기노출(Self-exposure)이 있다. 자기표현이란 사람들을 만나면서 다른 사람들의 생각, 감정 그리고 원하는 바를 알아듣고 자신의 생각, 감정과 바람을 효과적으로 전달할 수 있는 능력이다. 조직의 시대 인간관계에서 자기표현은 매우 중요한 요소였다. 그러나 개인의 시대에서는 '자기표현'만으로는 한계가 있다.

자기표현과 자기노출은 개념이 다르다. 전자가 소극적이라면 후자는 적극적이다. 자기표현은 다른 사람과 유대강화를 위해 자신의 의사에 따라 행해지는 자신의 정보를 공개하는 행위이다. 따라서 목적지향적이며 자신의 주관적인 판단에 의해서 이루어진다. 다른 사람이 갖는 자신의 이미지에 신경 씀으로써 그 사회 또는 조직에 어울리는 규범과 함께 행동한다. 그래서 자기 멋대로 행동하거나 표현할 수 없다.

그러나 자기노출은 다른 사람을 의식하지 않고 자기 생각이나 감정을 표현한다. 자기노출은 통념에서 자유롭기 때문에 새로운 자기를 창출할 수 있다. 즉, 드러나지 않은 자기를 재정의하여 새로운 자존감과 정체성을 구축할 수 있다. 요즘 SNS 등 1인 미디어의 발달로 노출 방법이 다양해지고 있다. 자신의 노력에 따라 얼마든지 노출을 통해 기존 사회적 가치가 인정하지 않는 '드러나지 않은 자기'의 새로운 정체성을 만들 수 있다.

중요한 것은 무엇을 노출할 것인가다. 노출에 따라서 세상의 주목이 달라진다. 조직의 시대에서는 다른 사람이 인정을 해줘야 자신이 드러날 수 있었지만 개인의 시대에서는 다른 사람의 인정이 없어도 자신을 드러낼 수 있다. 노출에는 4가지가 있다.

첫째, 체용(體用 : Body)의 노출이다. 어떤 이야기를 해도 자연스럽고 상대방에게 좋은 인상을 남기는 사람이 있다. 반면, 좋은 이야기를 해도 상대방에게 호감을 주지 못하는 사람이 있다. 이유는 무엇일까? 내용보다는 태도에 문제가 있다. 여기서 태도가 몸의 노출이다. 아무리 좋은 내용이라도 태도가 불량하거나 상황에 맞지 않으면 불편하다.

체용은 몸(體)와 몸짓(用)으로 구성된다. 몸은 몸 자체를 말하고 몸짓은 몸을 쓰는 일이다. 제대로 된 몸의 노출을 위해서는 몸은 잘 관리하고 몸짓은 잘 써야 한다. 우선 몸의 관리다. 몸은 얼굴, 가슴, 어깨, 손, 배, 허리, 엉덩이, 다리, 발 등으로 구성되어 있다. 얼굴은 머리카락, 이마, 볼, 눈, 코, 입, 귀 등으로 구성된다. 이런 것을 잘 유지관리하는 것이다. 몸의 색깔도 건강하게 유지해야 한다. 그래야 몸의 노출을 좋게 할 수 있다.

다음으로 몸을 쓰는(用) 일이다. 몸짓의 역사는 인류의 역사와 함께 시작됐다. 언어가 있기 훨씬 이전부터 인류는 몸짓으로 소통하고 슬픔과 기쁨, 공포, 분노 등의 감정을 나타냈다. 몸짓은 표정, 제스처, 치장 등을 들 수 있다. 표정은 내면에 있는 감정을 노출하는 것이다. 상황에 맞게 감정을 표현할 수 있어야 한다. 때와 장소에 맞는 표정을 지어야 한다. 제스처는 손동작, 발동작, 자세 등을 상황에 맞게 활용하는 것이다. 승리를 표시할 때는 V자 모양을, 자신감을 보일 때는 두 주먹을 불끈 쥐는 등 적당한 제스처를 보여 줄 수 있어야 한다. 또 다른 것은 치장이다. 몸에 포인트를 주는 것으로 화장, 옷, 안경, 시계, 스카프, 신발, 넥타이 등을 적절하게 활용해야 한다.

둘째, 감정(感情: Emotion)의 노출이다. 사람은 감정의 동물이다. 감정이란 무엇인가? 의학적으로 보면 인간의 생리적, 심리적 혹은 사회적 욕구에 대한 반응으로서 기쁨, 슬픔, 놀라움, 공포, 노여움 등으로 강하게 영향을 받은 상태다. 감정이란 일종의 느껴본 경험(felt experience)이다. 감정은 느끼는 것이지 생각하는 것이 아니다.

사람이 감정을 느끼게 되는 것은 감수성(sensitivity)에 반응하는 것이다. 사람의 신체기관은 외부 자극에 대해 감지하고, 감각(sense)이 전해진다. 오감을 통해 지각된 데이터는 뇌에서 인지과정을 거치게 된다. 즉, 감성(sensibility)이 작용한다. 동시에 외부의 자극이나 자극의 변화를 느끼는 성질을 감수성이 발휘된다고 말한다. 감정은 이런 감수성에 대한 반응으로 느끼게 된다.

이처럼 감정은 정의하기도 이해하기도 어렵다. 감정은 누군가 당신에게 뭔가를 말하거나 행동할 때, 연상되는 생각과 심리적 변화 그리고 무언가 하고 싶다는 욕구와 함께 반응한다. 예를 들어 회사에서 업무 회의 중에 누군가를 설득하는데, 갑자기 어떤 직원이 '저 애는 왜 엉뚱한 이야기를 하는 거야.'라고 하면 당신은 저렇게 말하는 '저 녀석은 뭐야'라며 화를 내게 될 것이다. 이런 화가 감정이다.

불교에서는 감정의 종류를 '희(喜): 기쁨, 노(努): 노여움, 애(哀): 슬픔, 락(樂): 즐거움, 애(愛): 사랑, 오(惡): 미움 그리고 욕(欲): 바라다'의 7가지로 분류한다. 이런 감정을 제대로 조절하지 못하면 문제가 생긴다. 감정을 제대로 노출할 줄 알아야 한다.

셋째, 지식(知識: Knowledge)의 노출이다. 지식의 다른 말은 체험과 경험이다. 책 또는 다른 사람에게서 얻은 단순한 지식의 노출은 의미가 없다. 자신의 체험과 경험을 통해서 얻은 것들을 노출해야 한다. 체험은 자기가 몸소 겪은 것이고 경험은 자신이 실제로 해보거나 겪어서 얻은 지식이나 노하우다. 어떤 분야에 대한 경험과 노하우를 체계적으로 일관성 있게 지속적으로 노출할 수 있어야 한다. 이런 노출을 하는 사람이 전문가로 인정받는다.

마지막으로 생각(思考: Thinking)의 노출이다. 어떻게 생각하느냐에 따라 인생의 운명을 좌우한다. 좋은 생각은 좋은 행동을 만들고, 좋은 행동은 좋은 환경을 만들며 좋은 결과를 얻게 한다. 자기노출에서 가장 중요한 노출이기도 하다. 좋은 노출은 자신의 생각을 그대로 노출한다. 노출은 불특정 다수를 대상으로 전통적인 사회가치를 넘어서 이루어지기 때문에 자기만의 생각의 노출을 통해 유혹할 수 있어야 한다.

자기 생각을 노출하지 못하면 대중에게 주목받기 힘들다. 자기노출을 하는 이유는 자존감을 찾는 일이고 자신의 새로운 정체성을 확인하는 것이다. 좋은 생각의 노출은 다른 사람을 따라하거나 과장되게 꾸미지 않고 솔직하게 자신의 감정과 생각을 표현하는 것이다. 좋은 생각을 노출하기 위해서는 삶에 대한 태도가 건강해야 한다. 가슴이나 머리 어느 한쪽만이 아닌 온몸을 통해 만들어낸 진실한 노출은 사람들에게 울림을 준다. 사람들은 노출자의 생각의 의도를 읽을 때 반응하고 찾게 된다.

04

'드러나지 않은 나'를 찾아가기

공자는 "남이 알아주지 않아도 행복할 수 있어야 한다."라고 이야기했다. 남이 알아주지 않아도 행복할 수 있을까?

사람들은 좀 더 나은 삶, 행복하게 살기를 원한다. 그러나 쉽지 않다. 왜 사람들은 행복하기 어려울까? 진정한 '나'를 찾지 못해서다. 좀 더 나은 삶, 행복한 삶을 위해서 자신에게 '나는 누구인가'라는 질문을 지속적으로 던져야 한다. 다시 말해 '자기'를 발견해야 한다. 그러기 위해서는 자기의 '행동'과 '생각'과 '감정'을 돌아봐야 한다.

'자기'가 누구인지 먼저 인지해야 한다. '자기'는 '자아(自我: ego)'라고도 한다. 자아란 사고, 감정, 의지 등의 여러 작용의 주관자로서 여러 작용을 수반하고 또한 이를 통일하는 주체다. 자아는 인간이 한 개체로서 자신에 대해 갖는 상(이미지: image), 자신에 대해 갖고 있는 생각, 감정, 태도의 복합물이다. 또한 자신이 어떤 사람이며, 어떻게 행동하고 생활 주변에 어떻게 반응하는지에 관한 것을 알려주는 하나의 연속적인 과정이다.

'나는 누구인가'를 알아야 행복한 삶에 가까워진다. 다른 사람이 정의한 행복을 따라가서는 안 된다. 남이 주체가 되어서는 행복하기 어렵다. '어떤 것이 가치가 있는지', '어떤 삶이 좋은 것인지'를 스스로 고민하고 답을 찾아야 한다.

나의 인간관계가 어떤지에 따라서 나를 찾을 수 있다. 자기노출 관점에서 인간관계를 진단해 볼 수 있는 방법으로 '조하리의 마음의 창(Johari's windows of mind)'이 있다.

조하리의 창은 '나'를 '유형 1-나도 알고 남도 아는 나', '유형 2-나는 모르지만 남이 아는 나', '유형 3-남은 모르고 나는 아는 나', '유형 4-남도 모르고 나도 모르는 나'의 4가지로 분류한다. 사람들은 4개의 '나(창)'를 가지고 살아간다.

첫째, 유형 1(나도 알고 남도 아는 나)의 사람은 인간관계가 대체로 무난하다. 적절하게 자신의 생각, 감정, 태도 등 자기노출을 한다. 또한 다른 사람의 생각, 태도, 감정을 읽는다.

둘째, 유형 2(나는 모르지만 남이 아는 나)의 사람은 자기주장이 강하다. 자신의 감정이나 생각을 잘 노출한다. 자신감을 가지고 솔직하며 시원시원하다. 그러나 이런 유형은 남의 말을 무시하거나 자기 독단에 빠지기 쉽다.

셋째, 유형 3(남은 모르고 나는 아는 나)의 사람은 소심하거나 신중하다. 드러나지 않은 영역이 넓다. 다른 사람의 이야기는 잘 경청하지만 자신의 이야기는 잘 하지 않는다. 애써 다른 사람과 잘 지내는 것 같지만 실제는 외로운 경우가 많다. 현대인에게 가장 많은 유형이다. 이들은 '나만 아는 나'를 노출할 때 폭발적인 자기발전을 가져올 수 있다.

마지막으로 유형 4(남도 모르고 나도 모르는 나)의 사람은 고집이 센 독신자 형이다. 이들은 인간관계에 소극적이며 혼자 있는 것을 좋아한다. 남과 접촉하는 것을 두려워하고 고립된 곳에서 생활하는 경우가 많다.

이 책의 핵심은 '유형 3'인 '남은 모르고 나만 아는 나' 즉, '드러나지 않은 나'를 어떻게 발견하는 가이다. 인간관계에서 '자기'는 크게 '드러난 자기'와 '드러나지 않은 자기'의 두 종류다. 드러난 자기는 개인이 특정한 시점에서 의식적으로 인식하게 되는 자기에 관한 생각의 일부를 말한다. 사람들은 주로 '드러난 자기'를 통해 행동에 영향을 미친다. 현실에서 사람들이 불행을 느끼고 사는 이유는 조직의 시대의 통념에 맞추어 살기 때문이다. 사람들은 사회가 만들어 놓은 관습이나 통념에 얽매여 행동하기 때문에 '드러나지 않은 자기'를 많이 보여주지 못한다. 드러나지 않은 자기는 알고 있는데 남이 알지 못하는 것들이다. 자신의 성격, 능력, 태도, 관심, 기분, 의지 등이다. 조직의 시대의 통념을 의식해 자기노출을 하지 않은 영역이라고 할 수 있다. '드러나지 않은 나'를 노출하면 창피를 당하지 않을까, 사람들이 비웃지 않을까, 다른 사람들로부터 인정을 받을 수 있을까, 아무리 드러나지 않은 나를 노출해도 사회가 만들어 놓은 굴레(잣대, 인식)를 넘어설 수 없다는 걱정에 사로잡혀 아예 포기해버리는 경우가 많다.

개인의 시대에는 '자기개념'을 재정립해야 행복한 삶을 살 수 있다. 조직의 시대의 통념과 관계없이 자신만의 고유 캐릭터를 만들어 새로운 프레임을 만드는 사람만이 살아남는다. 그 핵심은 '드러나지 않은 나'를 어떻게 노출할 것인가이다. 이제 조직의 시대적 가치관에 얽매인 남이 아는 '드러난 자기'만 어필하는 것은 의미가 없다. 창조적인 자기노출을 통해 자기개념을 새롭게 정의해야 할 것이다.

자기노출은 다른 사람으로 하여금 자신이 무엇을 생각하고, 무엇을 느끼고, 무엇을 원하는가를 알도록 하는 과정이다. 자기표현이 상대방을 의식했다면, 자기노출은 다른 사람을 의식하지 않고 개인의 생각, 감정, 태도를 알리는 행위다. 자기노출의 핵심은 '드러나지 않은 나'를 불특정 다수, 다시 말해 자신과 직접적 관계가 없는 대중에게 과감하게 '나'를 뿌리는 것이다. 드러나지 않은 나를 확대하기 위해서는 자기노출이 필요하다. 새로운 '자기'를 만들어 가야 한다.

실패한 사람, 불행한 사람은 타인의 생각, 시간, 꿈을 따라간다. 그러나 성공하고 행복한 사람은 자신의 생각, 시간, 꿈을 만들어 간다. 실패한 사람과 불행한 사람은 '드러난 자기'만의 삶의 굴레에서 산다. 그러나 성공한 사람과 행복한 사람은 '드러나지 않은 자기'를 무한 확대한 삶을 산다. 당신은 어느 길을 걸을 것인가?

자기노출은 '드러나지 않은 나'를 확대해 가는 것이다. 자기 노출이 자기 내면의 거울이다. 주목받는 삶, 좀 더 나은 삶, 행복한 삶을 살기 위해서는 자기노출 빈도를 높여야 한다. '나는 누구인가'에 대한 답을 찾아 가는 것이 진정한 나를 살아가는 자세다. '나는 어떻게 만들어지는가', '나는 어떻게 보여지는가' 그리고 '나는 누가 만들어주는가'에 대한 답은 자기노출에 있다. 스펙을 쌓고, 지식을 암기하고, 경험을 축적하고, 계급장 같은 것을 달았다고 우쭐댈 게 아니다.

자아실현, 자존감 그리고 가치

아인슈타인은 "성공한 사람보다는 가치 있는 사람이 되라(Try not to become a man of success but rather to become a man of value)."라고 말했다. 성공만을 추구하는 삶은 행복을 가져다주지 않는다.

진정한 행복을 찾기 위해서는 자기가 주도하는 가치 있는 삶을 살아야 한다. 가치 있는 삶은 자기를 주도적으로 노출하며 살 때 가능하다. 자기노출에는 3가지 가치가 있다.

첫째, '자아실현(自我實現)'이다. '자아실현'이란 물질적 욕구와 사회적 욕구를 뛰어넘는 정신적인 자기만족, 외부의 상대적 기준에 의해서가 아니라 자기 자신의 기준을 만족시키는 상태다. 미국의 심리학자 매슬로우(A. Maslow)는 '자아실현'을 인간의 욕구 다섯 단계 중에서 마지막 단계라고 정의하고 있다.

인간의 욕구 1단계는 생리적 욕구다. 생리적 욕구는 생명체의 기본 특징으로서 자신의 물질적이고 육체적인 생명기능을 연장하고자 하는 욕구다. 2단계는 안전의 욕구다. 사람은 생존을 위해 음식을 섭취하지만 단순히 음식만 섭취한다고 생명이 보장되지 않는다. 사회 환경은 끊임없는 위험 속에 있기 때문에 안전에 대한 욕구가 필요하다. 3단계 욕구는 사회적 욕구다. 사람들은 집단적인 활동, 다른 사람과의 관계를 통해 자기 자신을 확인하고, 자기의 존재를 확인하는 사회적 욕구를 갖는다. 사회적 관계를 통해 또 다른 형태의 만족감을 느낀다. 4단계 욕구는 존경의 욕구다. 사람들은 사회적 관계 속에서 더 높은 자리에 오르고 싶어 한다. 높은 자리에 오르면 많은 영향력과 혜택을 누릴 수 있어 더 많은 만족감을 얻을 수 있게 해준다. 매슬로우는 이러한 네 가지 욕구가 일반적으로 사람들이 사회활동 속에서 추구하는 욕구라고 한다. 마지막 단계 욕구는 '자아실현'이다. 자아실현은 네 가지 욕구를 모두 포함하는 정신적 만족이다. 자아실현은 외부의 가치관과 기준에도 아랑곳하지 않는 상태다. 따라서 어떤 상태에 처하든 스스로 가장 만족한 상태, 가장 충만한 상태를 유지할 수 있다.

사람들은 욕구가 많고 그런 욕구를 달성하기 위해 사회활동을 한다. 그 과정에서 욕구를 달성해 만족감을 얻기도 하지만 대부분은 욕구에 도달하지 못해 좌절한다. 사람들의 욕구는 끝없이 변화 과정을 거쳐 진화한다. 특히 주위 사람들과 비교하면서 욕구는 점점 더 커져 불행을 느낀다.

사람들이 욕망을 더 키우고 만족하지 못하는 것은 자기주도적인 삶을 살지 못하기 때문이다. 자기주도적인 삶은 조직이나 시대가 만들어 놓은 제도나 규율을 넘어 자신만의 생각으로 행동한다. 자신이 시간의 주인이 되고, 생각의 주인이 되고, 행동의 주인이 되는 가치를 만들어 낸다. 자기주도적인 삶은 '드러나지 않은 자기'를 적극 노출하는 데서 나온다.

자기노출은 다른 사람과 사회를 의식하지 않기 때문에 자기만의 만족감을 느낄 수 있게 해준다. 자기노출은 물질적 욕구와 사회적 욕구를 뛰어넘는 정신적 자기만족, 사회적 상대적 기준에 의해서가 아니라 자기 자신의 기준을 만족시킨다. 사회적 가치판단과 외부의 어떤 기준에 관계없이 활동하기에 스스로 가장 만족한 상태를 유지할 수 있다. 그 결과 자아실현을 할 수 있다.

둘째, '자존감(自尊感)'을 높여 준다. 자기노출은 자존감을 높여주는 가치를 제공한다. 자존감이란 자아존중감(自我尊重感, self-esteem)의 준말이다. 말 그대로 자기를 스스로 존귀하고 중요하게 여기는 마음이다. 심리학자들은 자존감이 낮을수록 열등감을 느끼며 자괴감에 빠지기 쉽다고 본다. 조직의 시대는 성공 제일주의로 많은 문제점이 있었다. 어릴 때부터 서로 경쟁하며 끊임없이 다른 사람들과 비교하고, 이기기 위해 모든 것을 바치며 살아간다. 학생 시절에는 엄청난 입시 경쟁률을 뚫고 대학에 들어가고, 대학을 졸업해도 취업하기가 하늘의 별 따기보다 어렵다. 직장에 들어가서는 실직할지도 모른다는 불안에 빠진다.

단순히 노력만으로는 성공할 수 없다는 인식이 자리 잡기 시작하면서 사람들은 자존감에 대해서 관심을 갖기 시작했다. 자존감은 자신을 좋아하고 자신의 현재 상태와 자신이 하는 일에 자부심을 느낀다.

마지막으로 '가치(價値)' 있는 사람임을 느끼게 해준다. 노출은 가치 있는 사람으로 살아가게 해준다. 가치 있는 사람이란 값어치 있고 쓸모 있는 사람을 의미한다. 대부분의 사람들은 '돈', '권력', '명예' 같은 것을 위해 앞만 보고 달린다. 돈을 많이 벌고, 권력을 잡고, 명예를 얻으면 성공한 삶이라고 생각한다. 돈, 권력, 명예를 얻지 못하면 불행한 삶이고 가치 없는 사람이라고 생각한다. 이 과정에서 많은 사람이 좌절하고 자신감을 잃고 상처도 입는다.

과연 이렇게 성공한 사람이 가치 있는 삶을 사는 걸까? 행복한 삶을 사는 걸까? 그렇지 않다. 가치는 눈에 보이지 않지만 사람을 움직인다. 사람들은 무언가 중요한 판단을 내려야 할 때, 가치에 따라 행동하고 판단한다. 자신의 가치에 따라 같은 돈이라도 성공했다고 느낄 수 있고 그렇지 않다고 느낄 수 있다. 또한 같은 상황이라도 행복하다고 느낄 수 있고 그렇지 않다고 느낄 수도 있다.

삶은 돈, 명예, 권력보다는 올바른 가치로 사는 것이 더 소중하다. 홍콩의 유명배우인 주윤발이 자신의 전 재산 8,100억 원을 기부한다고 선언했다. 그 나이 64세 때다. 그는 "인생에서 가장 중요한 것은 돈을 얼마나 많이 버느냐가 아니라, 얼마나 내면의 평화를 얻고 평온한 상태로 사느냐가 중요하다."라고 말했다. 또한

"돈은 내 것이 아니라 잠시 보관하고 있는 것일 뿐"이라고도 했다.

돈에 대한 욕심은 끝이 없다. 그러나 돈이 많다고 행복한 것은 아니다. 단지 돈과 명예만 좇아 산다면 오히려 사회 속에서 외로움을 느끼고, 정서가 말라 각박하게 살 수도 있다. 과연 '나는 가치 있는 삶을 살고 있는지?' 스스로에게 물어보라. 가치 있다고 생각하는 일에 시간을 쓰고 있는지, 주위 사람들에게 더 나아가서는 다음 세대를 위해 어떤 기여를 하고 있는지 생각하는 것이다.

가치 있는 사람으로 느껴지기 위해서는 자기노출 능력이 절대적이다. 조직의 시대 사람들은 자신의 존재감을 직장을 통해서 찾았다. 직장이라는 울타리에서 일하면서 삶의 보람과 즐거움을 느낄 수 있다고 착각하며 살아왔다. 일하면 사람들에게 자신의 능력을 인정받을 수 있고, 꿈을 실현할 수 있으며 국가와 사회발전에도 공헌할 수 있다고 생각했다.

그러나 조직의 시대에서는 아무리 노력해도 자기가 원하는 만큼의 돈이나 명예를 얻을 수 없었고, 최선을 다했지만 원하는 결과가 나오지 않았다. 이유는 간단하다. 남들이 만들어 놓은 굴레 속에서 살았기 때문이다. 이를 극복하는 길은 자신만의 생각, 느낌, 행동을 노출하는 것이다.

성공하고 행복한 삶을 살기 위해서는 자신을 유용하고 쓸모 있게 만들어야 한다. 자신을 하나의 예술품으로 생각하고 완성도를 높여가야 한다. 개인의 시대의 변화에 발맞춰 '자아실현', '자존감' 그리고 '가치'있는 사람을 만들어 내는 주체가 되어야 한다.

06

스펙 쌓기가 아닌 노출 쌓기를 하라

통계청에 따르면 2019년 5월 기준 취업준비생은 71만 4,000 명, 구직 단념자는 58만 1,000명에 달한다고 한다. 반면에 잡코 리아가 매출 상위 500대 기업을 대상으로 '상반기 대졸 신입공채 계획'을 조사한 결과 2020년 상반기 신입사원을 채용한다고 답변 한 대기업(101개사)의 채용규모가 4,263명이었다. 500대 기업 중 48.7%인 243개 업체는 채용 계획이 없는 것으로 조사되었다. 단 순 계산만으로 따져도 500대 기업에 들어갈 수 있는 사람은 167 명 중 한 명 꼴이다.

취업 경쟁이 갈수록 치열해지면서 취업 준비생들의 '스펙 쌓 기'가 심화되고 있다. 스펙이란 물건의 성능과 특성을 수치화한 영어단어 'Specification'의 준말로 사람에게 쓰는 말은 아니다. 하지만 지금은 구직자의 학벌, 학점, 토익, 자격증, 어학연수, 수상경력, 봉사활동, 인턴 등 숫자로 표현되는 한 개인의 능력을 통칭하는 용어가 되었다.

취업 준비생들은 스펙을 쌓기 위해 많은 시간과 돈을 투자하고 있다. 최근 한 조사에 따르면 대학생 3명 중 1명은 대학 입학 때부터 스펙 쌓기를 시작한다고 한다. 그러다 보니 다양한 사고와 체험을 하지 못하고 있다. 취업을 위한 어학, 자격증, 해외연수 등으로 많은 비용을 쓰기도 한다. 심지어 스펙을 위해 학원에 다닌다. 스펙 쌓기에 시간을 쓸수록 정규교육에 등한시할 수밖에 없다.

과도한 스펙은 사회적 낭비다. 구직자들의 스펙은 이미 상향평준화 되어 변별력도 떨어졌다. 스펙이 개인의 업무 역량을 측정하는 척도가 되지 못하고 있다. 아무리 토익 점수가 높아도 실제 회화를 하지 못하는 경우가 다반사다. 문제풀이 기법만 습득해 점수만 높을 뿐 실제 업무에 활용할 수 없는 죽은 공부를 한 것이다.

구직자의 스펙은 끝을 모르고 높고 다양해지지만 정작 기업들은 스펙과 업무능력은 별개라며 무한 스펙 경쟁의 문제점을 지적한다. 실제 취업포탈에서 기업 인사담당자 280명을 대상으로 구직자 스펙에 대한 설문조사를 한 결과 응답자의 38.9%가 '직무와 관련이 없는 스펙은 필요 없다.'고 답했다. '개인의 노력을 알 수 있는 척도라고 생각한다.'가 18.6%, '채용에 아무런 영향을 주지 않는다.'가 15.4%로 나타났다.

스펙 쌓기가 심화될수록 구직자들은 시간과 비용을 낭비하게 된다. 이를 해결하기 위해 정부는 능력과 직무 중심의 채용을 추진하고 있다. 대기업-공공기관-공기관 등을 중심으로 학벌이나 스펙이 아닌 능력과 직무 중심인 채용 문화를 도입하고 있다.

한국산업인력관리공단은 스펙 쌓기 경쟁에 따른 사회적 비용을 해소하기 위해 2013년부터 〈스펙 초월 멘토스쿨〉 제도를 도입했다. 이 사업은 스펙이 아닌 열정과 잠재력이 있으면 취업할 수 있는 경로를 구축하고 선발한 멘티에 각 분야별 최고 전문가를 연결해 집중적인 멘토링을 받아 취업을 도와준다. 빅데이터, 소프트웨어, 게임 개발, 정보보안 등 분야에 과정을 개설하고 최고 전문가들이 참여하여 집중 멘토링을 했다.

한국남동발전은 정규직 전환형 고졸 청년인턴 채용 때 1차 서류를 아예 없앴다. 대신 '스펙초월 소셜리쿠르팅'을 도입했다. 지원자를 대상으로 총 4주 동안 4라운드 온라인 미션을 수행하고 '생존자'에게 적성검사, 면접의 기회를 줘서 지원자의 스펙을 모른 채 '제로베이스'에서 지원자를 평가했다. 대졸 인턴 채용도 서류전형을 없앴다. 자격증, 외국어 가점도 폐지했고, 학점과 가족 정보 등은 아예 기록하지 않는다. 자신을 알릴 수 있는 '역량기반 지원서'만 내면 2차 직무능력검사 기회를 주고 있다.

SK는 전체 인턴 선발 규모의 10%를 '바이킹 챌린지'를 통해서 선발한다. 1차는 '스토리' 접수다. 성명과 생년월일, 연락처, 졸업시기 4가지 항목만 기재한다. 졸업학교, 성별, 학점, 어학점수는 필요 없다. 2차는 전국 거점별로 오디션 형태로 예선전을 치른다.

3차는 관계사별로 직무역량 합숙 면접을 하고 8주간 인턴 기간을 거쳐 최종 합격자를 가린다. SK는 우수 인재 조건을 스펙이 아닌 직무 역량·태도·적성, 일하는 지적 능력이 아닌 상황 판단과 실행 능력, 지시 받는 인재가 아닌 알아서 일하는 인재를 선발하고 있다.

직업에 대한 관점도 변하고 있다. 4차 산업혁명으로 1인 기업 시대, 1인 산업시대, 개인 맞춤형 산업시대가 되고 있다. 또한 모든 것이 직업인 세상에서 살게 될 것이다. 기존에 존재하는 일 처리 방식, 비즈니스 형태는 대부분 사라지고 새로운 형태의 일거리가 생길 것이다. 직업의 영역이 무한대로 확대되는 시대가 될 것이다.

또한 긱 이코노믹 시대의 출현으로 고용 형태가 변하고 있다. 긱 이코노믹 시대에는 디지털 경제에서 근로자들이 한 기업에 얽매이지 않고 단기 계약을 맺고 자유롭게 일한다. 근로자도 고용주도 고정된 형태의 일자리보다는 유연한 고용을 추구한다. 우버 택시가 대표적인 사례다. 택시 회사는 택시 기사를 고용하지 않고 플랫폼만 제공한다. 이 플랫폼을 통해 독립계약자(택시 기사)들이 고객과 직접 거래한다. 이처럼 긱 이코노믹은 한 사람이 역량에 따라 한 조직에 소속되지 않고 여러 곳의 회사와 계약을 통해 유연하게 투 잡, 쓰리 잡 등 N잡을 할 수 있다. 노동자들은 자율적으로 시간을 자기가 통제하며 소득을 올리게 된다.

소확행 문화의 확산도 노동의 형태를 바꾸고 있다. 소확행 현상은 '지금 당장 행복하고 싶다'는 젊은 세대들의 가치관을 대변한다. 거창한 명분을 위해 왜 개인이 희생해야 하느냐? 오늘을 희생하면 내일이 좋아질 것이라고 기대하지 않는다. 일상을 희생해서라도 회사에 헌신해 높은 지위, 넓은 아파트와 고급차를 가지면 행복해질 것이라는 조직의 시대의 통념에 대한 반란이다.

공무원이나 대기업 직원이 되려고 스펙을 쌓고, 시험문제 풀이로 시간을 낭비할 때가 아니다. 1인 기업, 1인 산업시대, N잡 시대에 맞추어 미래를 준비해야 한다. 어느 한 조직에 속해서 일하고 돈 버는 시대가 아니다.

SK그룹이 2019년부터 임원 직급을 폐지하는 방안을 추진했다. 기존 수직적 직급 체계로는 '일하는 방식의 혁신'을 이룰 수 없다는 최태원 회장의 지론에 따른 것이다. SK는 부사장·전무·상무라는 호칭을 사용하지 않는다. 2019년부터 이들을 모두 위계질서 없는 동급 임원으로 간주한다. 호칭도 본부장·실장 등 직책으로만 부른다.

그러면 이런 시대를 어떻게 대응해야 할까? 정답은 노출 쌓기다. 스펙 쌓기는 남을 위해 자신을 희생하는 삶을 살아가게 한다. 그러나 노출 쌓기는 자신의 삶을 살아가게 한다. 스펙 쌓기는 남이 만들어 놓은 프레임 속에 갇혀 살게 된다. 그러나 노출 쌓기는 스스로 프레임을 만든다. 스펙 쌓기는 남의 눈치를 보지만 노출 쌓기는 자기 눈치를 본다. 스펙 쌓기는 자존감에 상처를 받지만 노출 쌓기는 자존감을 찾아 준다. 스펙 쌓기는 일거리를 찾지만 노출 쌓기는 일거리를 만든다. 그래서 노출 쌓기는 더 나은 삶을 가져다준다.

쓸모없는 스펙 쌓기를 당장 멈추고 노출 쌓기를 할 때다. 노출이 강력한 스펙이다. 스펙을 대체할 강력한 도구가 '노출'이다. 스펙 쌓기는 조직의 시대에 순응해 살아가는 소극적인 활동이다. 조직의 시대의 체제란 사람을 평가하는 기준을 사회집단이 의도하는 데로 이끌어가기 위해서 자의적으로 만들어 놓은 기준에 불과하다. 스펙 쌓기는 조직의 시대에서 치열한 경쟁에 시달리게 한다. 그러나 노출 쌓기는 자신이 평가하는 룰을 만들기 때문에 경쟁 없이 자신의 위치를 만들어 갈 수 있다.

07

일하는 사람, 노출하는 사람

직장인들 대부분이 돈을 벌기 위해 직장에 들어가 그곳에서 주어진 일을 하며 살아간다. 그 조직에서 치열한 경쟁을 하며 일 속에 빠져 산다. 스트레스도 받고 자존감도 상실하며 고객, 상사, 동료의 눈치를 본다. 직장생활이 길어질수록 만족도는 낮아지고 결국 직장을 떠나기도 한다. 사람은 업(業)이라는 소명을 가지고 태어난다. 업이란 일거리다. 다른 말로 직업이다. 모든 사람은 하나 이상의 일을 하며 세상을 살아간다.

사람에게 일이란 어떤 의미일까? 사전에서 '일'이란 '생산적인 목적을 위하여 몸이나 정신을 쓰는 모든 활동', '해결해야 하거나 처리해야 하는 사건', '어떤 현상이 특정 당사자에게 생긴 사정' 등으로 정의되어 있다. 영어로 '일'을 뜻하는 단어 'work'는 '한 개인의 일반적인 행동, 실행하는 것, 행위, 조처, 업무'다. work의 어원은 고대영어의 명사 '위르크(woerc)'와 동사 '위르칸(wyrcan)'에서 파생됐다고 한다. 다시 말해 '일'은 '인간이 하는 모든 행동'이다.

일이 주는 의미는 매우 크다. 사람들이 일하는 이유는 첫째, 의식주 등의 기본 생계를 해결하기 위해서다. 사람은 기본적으로 먹고살기 위해 일한다. 인간의 생존본능이라고 할 수 있다. 일을 하지 못하면 돈을 벌 수 없고 당장 굶어 죽을 수도 있다는 절박함이 일하게 만든다.

둘째, 사람은 일하면서 사회적 관계를 맺고 그 속에서 보람과 의미를 찾는다. 단순히 먹고사는 문제가 해결된다고 의미가 있는 것은 아니다. 일을 통해 다양한 사람과 만나고 교류한다. 이런 사회생활을 통해 고독감이나 외로움을 넘어 '사회적 인간'으로 활동하며 의미 있는 삶을 누리려 한다.

마지막으로 일은 '자아정체성'을 형성하게 만든다. 자아정체성이란 내가 누구인지 다른 사람에게 자신 있게 드러내는 것이다. 일은 자신의 사회적 지위를 표현하며, 상대방과 일정한 사회적 관계를 맺게 해준다. 자기가 속한 조직의 위상과 자신이 가진 직위에 따라 자신의 가치가 매겨진다. 사회는 이런 자아정체성에 따라 관계가 형성되고 사회적 위치를 결정한다. 즉, 일이 한 사람의 신분을 결정하며 다른 사람보다 더 나은 삶을 살 수 있게 해준다.

그런데 왜 공부를 하고 스펙을 쌓아도 자신에게 맞는 일자리가 없는가. 왜 일을 해도 가난한가. 왜 일을 해도 불행한가. 일을 대하는 태도에 그 원인이 있다. 일을 대하는 두 부류가 있다. 하나는 일만 하는 사람이고, 다른 하나는 일을 노출하는 사람이다. 일만 하는 사람은 다른 사람이 만들어 놓은 일을 한다. 다른 사람이 시키는 일을 하며 산다. 이들은 일만 하다 시간을 흘려보낸다. 그러나 일을 노출하는 사람은 자기 일을 만들어 간다.

30년 직장생활을 해도 남는 것은 망가진 몸과 상처받은 마음뿐이다. 불안한 삶은 계속된다. 이런 불행한 삶을 예측하지 못하고 앞만 보고 달려온 결과다. 그런데 우리 현실은 어떤가. 100세 시대인데 평생직장은 사라졌다. 직장인들은 40대 후반에서 50대 초반에 은퇴를 고민하고, 실제로 은퇴를 한다. 앞으로 50년을 더 살아야 하는데 앞이 깜깜하다.

이러다 보니 공무원 시험에 젊은이들이 몰리고 있다. 노량진에는 공시족이 넘쳐난다. 합격 가능성이 낮은 문을 통과하기 위해 치열하게 공부하며 젊음과 시간을 낭비하고 있다. 우리 사회의 일자리 선호도의 변천을 보면, 1960~70년대에는 은행원이 최고의 직업이었다. 1980~90년대에는 대기업 직원이었다. 2000년부터는 공무원이나 교사가 최고의 직업이다. 그러면 미래에 최고의 인기 직업은 무엇이 될까? '1인 기업가'가 최고의 직업으로 떠오를 것이다. 1인 기업가는 어떤 한 회사나 기관에 속하지 않고 자신이 잘하는 일을 하면서 필요시 회사를 선택해 계약직 형태로 일하거나 사업을 한다. 단순히 하나의 잡(Job)을 수행하지 않고 자신의 능력에 따라 여러 개의 N잡을 할 수 있다. 자신이 일하는 만큼 더 많은 돈을 벌고, 더 많은 휴식을 취할 수 있다. 하루 종일 회사에서 일하는 것이 아니라 자신이 원하는 시간에 출근해 원하는 만큼 일하면 된다.

직업은 여러 가지 업무(Task)로 나뉜다. 매킨지의 조사에 의하면 "직업의 67%의 반복되는 업무와 4%의 창의적인 업무 그리고 29%의 감성적인 업무로 구성된다. 67%의 반복적인 업무는 인공지능이 대체가능하다."고 했다. 한편 2016년 한국경영자총연합회가 312개 기업을 대상으로 조사한 결과 밀레니얼 세대들의 1년 내 퇴사율이 28%라고 한다. 이들의 퇴사율이 높은 이유는 무엇일까? 조직에 적응을 못해서일까. 아니다. 자아실현을 위해서다. 그들은 회사에서는 자아실현을 할 수 없다고 판단한 것이다. 이제 직장과 결별하는 개인의 시대에 살고 있다. 자기가 좋아하는 일을 할 수 없다면 아무리 근무 여건이 좋고 연봉이 높아도 젊은이들을 끌어올 수 없다. 더 이상 시키는 일만 하지 않겠다는 것이다. 기성세대들은 조직을 위해 일을 해왔다. 그래서 연봉이 오르고, 승진하고, 차도 사고, 결혼도 하고, 집도 사면 성공했다고 생각했다. 하지만 개인의 시대는 다르다. 미래의 성공을 위해 현재의 삶을 저당 잡지 않는다. 자신이 좋아하는 일을 하며 살려 한다.

개인의 시대에 적응하기 위해서는 노출하는 삶을 살아야 한다. 노출 빈도를 높이는 계획을 하고 노출 빈도를 높이는 쪽으로 일을 몰고 가야 한다. 조직의 시대의 기성세대들이 '일하는 사람'이었다면 개인의 시대의 세대는 '노출하는 사람'이다. 조직의 시대의 세대들이 다른 사람의 시간에 매달려 세월을 보냈다면 개인의 시대의 세대들은 자신의 시간을 만들어간다.

7년 동안 대기업을 다니면서 열정도 없었고, 스스로 할 수 있는 게 별로 없다고 생각한 청년이 있었다. 더 이상 안 되겠다고 생각하고 내가 좋아하는 것, 내가 잘하는 것을 찾아야겠다고 결심한다. 그는 떡볶이 장사를 하겠다고 생각하고 낮에는 회사생활을 하고 밤에는 떡볶이 공부를 하게 된다.

돈이 없었던 그가 할 수 있었던 것은 '떡볶이의 모든 것'이라는 카페를 운영하는 것이었다. 자신을 위한 첫 번째 행동이었다. 카페는 자신을 포함해 친구들 60명으로 운영되었다. 활동은 주로 그 혼자 했고 떡볶이 동호회 회장으로 스스로 불렀다. 그런데 어느 날 인생을 바꾸는 일이 발생했다. 한 기업이 주최하는 '떡볶이 경연대회'에 떡볶이 동호회 회장 자격으로 참석했다. 주최하는 회사의 회장, 대표, 전략본부장 등과 인사를 하는데 심사위원을 맡아 달라는 요청을 받았다.

또한 그는 2012년 전북 순창에서 열리는 '순창 장류 축제'가 열린다는 현수막으로 보고 군청을 찾아가 떡볶이 동호회 회장 자격으로 참석을 허가받는다. 그리고 그곳에서 2012명분의 떡볶이를 만들어 제공하게 된다. 그 이후 매년 축제 때 2천여 명이 먹을 떡볶이를 만들고 있다. 그의 존재가 조금씩 알려지면서 음식 관련 방송에 출연하게 되고 떡볶이와 관련하여 무서울 게 없는 미친놈

이 된다. 그는 자신감이 생겨 떡볶이 명장이 되어야겠다고 결심한다.

그는 주위에서 다들 미쳤다며 말렸지만, 과장이 되자마자 사표를 던졌다. 퇴직금으로 모닝차량을 구매해 '떡모닝'이라고 붙이고 전국 3,000여 곳의 떡볶이를 맛보며 후기를 카페에 올리게 된다. 그러면서 자신도 모르는 사이에 카페 회원이 수만 명으로 늘어나면서 유명인사가 된다.

현재 그는 주방이 필요 없는 셀프시스템을 갖춘 패밀리 레스토랑인 '두끼 떡볶이'의 김관훈 대표다. 2014년 1호점인 고대 안암점을 오픈하여 국내 2,300개 점, 해외 56개 점을 거느리고 있다. 23개의 매장을 거느린 베트남에서 두끼는 줄 서서 먹는 맛집이다. 대기 시간이 길 때는 세 시간이다. 2019년에는 매출액 2천억 원 돌파, 떡볶이 프랜차이즈 분야에서 매출액 1위를 기록했다. 가맹점 증가율 역시 1위다.

만약 그가 대기업에 안주했다면 그저 열정이 없는 평범한 월급쟁이 생활을 하고 있을 것이다. 김관훈 대표는 자기 생각을 노출하고 행동으로 옮겨 성공한 사례다. 그는 조직이 시키는 일이 아닌 자신이 좋아하는 개인의 일을 하고 있다. 그의 꿈은 "전 세계 어디를 가든 누구나 떡볶이를 먹을 수 있게 하는 것"이라고 한다. 그는 해외 진출에 박차를 가하고 있다. 떡의 식감을 낯설어하는 외국인들을 겨냥해 스파게티처럼 얇게 떡을 만들기도 한다. '떡볶이의 모든 것'이라는 작은 카페를 통한 노출이 한국의 떡볶이를 세계적인 음식으로 만들어가고 있다.

더 나은 삶, 더 좋은 행복을 찾고 싶다면, 지금 자신이 하는 일, 좋아하는 일, 잘하는 일을 효과적으로 노출하라. 자신을 노출하는 순간, 전문가로 인정받고 주목받게 될 것이다. 세상이 주목하는 사람이 되기 위해서는 남이 시키는 일이 아닌 자기가 하고 싶은 일을 해야 한다. 세상이 필요로 하는 것이 무엇인지 냉철하게 판단하고, 자기계발 가능성이 있는지 그리고 평생 할 수 있는 일인지 생각해야 한다. 그래서 살아온 인생이 자랑스럽고 자신이 배운 지식과 경험이 도움이 되는 노출, 노출이 단순히 돈벌이 수단이 아닌 자아실현의 디딤돌인지 고려해야 한다.

사람은 일을 통해서 먹고살고 자기 존엄성을 확보한다. 또한 일은 자아실현과 행복한 삶을 영위하게 한다. 스티브 잡스는 "자신이 좋아하는 일을 찾아야 한다."라고 말했다. 이제 일에 대한 태도를 바꿀 때이다. 일만 하는 사람이 아니라 일을 노출하는 사람이 되어야 한다. 다른 사람 뒤에 숨어 일만 하지 말고 자신을 과감하게 노출하는 삶으로 전환하라.

2장

개인의 시대,
노출 플랫폼이 답이다

01

나만의 노출 플랫폼 만들기

사람들은 누구나 노출하며 살아간다. 자신이 느끼는 노출도 있고, 자신이 느끼지 못하는 노출도 있다. 노출이 한 개인의 정체성을 결정하는 개인의 시대다. 이제 노출을 어떻게 하느냐에 따라 성공이 결정된다. 효과적으로 노출하려면 자신만의 노출 플랫폼이 있어야 한다.

〈그림 1〉와 같이 노출을 효과적으로 할 수 있는 플랫폼을 제시한다. 노출 플랫폼은 노출 지수 진단, 노출 콘셉트 설정, 노출 콘텐츠 만들기, 노출하기로 구성된다. 노출 프로세스를 통해서 '드러난 나 알기', '드러나지 않은 나 찾기', '바라는 나' 그리고 '세상으로 나가기'를 정의하는 게 핵심이다.

노출 지수 진단 (드러난 나 알기)	노출 콘셉트 설정 (드러나지 않은 나 찾기)	노출 콘텐츠 만들기 (바라는 나)	노출하기 (세상으로 나가기)
• 개인 프로파일 진단 • 개인 전문성 진단 • 개인 콘텐츠 진단 • 개인 미디어 진단 • 개인 진로 진단	• 개인 노출 콘텐츠 설정 • 개인 전문 분야 설정 • 개인 프로파일 설정 • 노출 이미지 설정	• 노출 콘텐츠 맵 작성 • 콘텐츠 소스 모으기 • 생각 꺼내기 • 스토리 만들기 • 글쓰기 • 말하기	• 노출 전략 수립 • 노출 활동 • 노출 세력 늘리기 • 노출 평판 분석

첫 번째 단계인 노출 지수 진단은 현재까지 '드러난 나 알기'이다. 이 단계에서 인터넷상에 공개된 자신의 프로파일을 진단한다. 또한 자신의 전문 분야는 무엇인지, 자신이 노출한 콘텐츠는 무엇인지, 자신이 사용하고 있는 유튜브, 페이스북 등 개인 미디어 현황을 분석한다. 또한 자신의 꿈과 미래 계획이 무엇인지, 개인 진로 진단 등을 한다.

두 번째 단계인 노출 콘셉트 설정은 '드러나지 않은 나'를 찾아가는 과정이다. 자신이 노출하지 못하는, 남이 알지 못하는 노출 콘셉트와 노출 콘텐츠를 정하는 것이 핵심이다. 또한 자신이 잘할 수 있는 전문 분야가 무엇인지도 정의한다. 한편으로 인터넷에 공개한 프로파일을 새롭게 정의하고, 노출할 캐릭터를 만들고, 어떻게 이미지화해서 전달할지 결정한다.

세 번째 단계는 '바라는 나'를 정의하는 노출 콘텐츠 만들기다. 이 단계에서는 먼저 자신의 노출 콘텐츠 맵(Map)을 설계한다. 그리고 맵에서 정한 콘텐츠 소스를 모은다. 앞으로 자신이 노출할 콘텐츠에 대한 생각 꺼내기와 스토리 작업을 통해서 자신만의 콘텐츠에 대한 뼈대를 완성한다. 노출의 핵심인 책, 논문, 칼럼, 블로그 등 글쓰기를 어떻게 할지, 그리고 강연·강의 자료 만들기, 동영상 만들기 등 말하기를 어떻게 할지 결정한다.

마지막 단계인 '노출하기' 단계에서는 실제 '세상으로 나가기'를 위해 무엇을 해야 할지 정한다. 이 단계는 노출 전략 수립, 노출 활동, 추종 세력 만들기, 노출 평판 분석 등 실제 세상에 자신을 노출하는 행위를 한다. 지금까지 당신은 일상에서 아무런 생각 없이 노출한 결과로 평가를 받아왔다. 그리고 노출 결과에 따라 성공의 크기가 결정되었다. 누군가는 우연하게 좋은 학벌을, 좋은 멘토를, 좋은 가정을, 좋은 조직을 만나서 효과적으로 자신을 노출해 성공하였다. 즉, 조직의 시대에는 노출에 성공한 사람과의 만남으로 자신도 모르게 효과적으로 노출되어 성공할 수 있었다.

조직의 시대에서는 노출 콘텐츠도 기존 사회가치가 요구하는 스펙을 맞추면 목적을 달성할 수 있었다. 사회가치가 요구하는 것을 맞추면 치열한 경쟁을 뚫고 어느 정도 성공 사다리에 오를 수 있었다. 그러나 개인의 시대에는 그런 자리가 쉽게 나오지 않는다.

지금까지 대부분의 사람들은 이런 노출의 원리를 모르고 조직의 시대의 사회적 가치가 만들어 놓은 그물망에 걸려 그 영역 안에서 자신을 노출해왔다. 사회가 만들어 놓은 작은 망에 걸린 사람은 좁은 시야를, 큰 망에 걸린 사람은 넓은 시야를 가질 수 있었다. 물론 자신의 성공 크기는 자기가 걸린 그물망의 크기를 따라

갔다. 사회적 가치가 만들어 놓은 그물망이 전부라고 생각하며 살았기 때문이다. 이런 상황에서는 아무리 노력해도 높고 넓은 곳으로 갈 수 없었다. 혹여나 그물망을 벗어날 경우 어떤 어려움이 닥칠지 모르기 때문에 그 그물에서 안주하며 살아왔다.

사회적 가치란 국가, 조직 또는 개인들이 만들어 놓은 그물망의 집합체이다. 국가는 국가를 통치하기 위해서 그물망을 만든다. 또한 조직은 조직의 이익을 위해 그물망을 만든다. 그물망을 아무나 만들 수는 없다. 그물망은 힘과 생각의 논리로 다른 조직과 사람을 제압하기 위해 만들어졌다. 그것이 노출이다. 힘의 노출일 수도 있고, 생각의 노출일 수도 있다. 조직의 시대에 인간 사회는 이런 노출로 그물망을 만들어 제압한다. 힘이 세면 큰 그물망을, 힘이 작으면 작은 그물망을 만든다. 그물망이 크면 많은 사람을, 작으면 작은 만큼의 사람을 모아 부릴 수 있다. 그러나 대다수의 사람은 이런 망을 만들지도 못하고, 다른 사람이 만들어 놓은 그물망에 포획되어 살아갈 뿐이다.

사람을 포획할 수 있는 그물망을 만드는 사람은 성공하고 행복을 누릴 수 있다. 그러면 이런 그물망을 만드는 핵심은 무엇인가. 바로 노출력(露出力)이다. 노출을 잘하는 사람이 그물망을 만들어왔다. 그리고 그들이 만들어 놓은 그물망대로 세상을 움직여왔다. 모든 사람이 열심히 노력하며 하루하루를 보낸다. 치열하게 일한다. 그렇다고 모두가 성공하는 것은 아니다. 효과적으로 노출하지 못하기 때문이다. 아무리 노력해도 벗어날 수 없는 빈곤, 불행, 고통, 어려움을 겪는 사람은 자신이 노출을 제대로 하고 있는지 점검해봐야 한다.

사회적 가치가 만들어 놓은 그물망을 찢고 나와 새로운 그물망을 만드는 사람에게 기회가 올 것이다. 봄이면 꽃이 피고, 여름이면 열매가 맺고, 가을이면 단풍이 들고, 겨울이면 낙엽이 되어 떨어지듯 이런 자연의 순환 과정에서 다양한 아름다움과 풍요가 공존한다. 이것이 자연이 갖는 노출의 위대한 힘이다. 계절이 바뀌면 올해 만들어 놓은 거대한 자연의 산물이 사라지고, 내년에는 새로운 자연의 산물이 만들어진다. 이처럼 한 사람의 노출은 새로운 사회적 가치를 만들어 낸다. 이런 가치를 만들어 내는 사람이 되어야 자아실현을 할 수 있다.

이 책에서 제시하는 노출 플랫폼은 조직의 시대가 만들어 놓은 그물망에서 탈출하게 한다. '드러난 나'가 아닌 '드러나지 않은 나'를 효과적으로 노출하는 것이 중요하다. 노출 플랫폼은 '드러나지 않은 나'를 어떻게 노출할 것인지 가이드를 제공한다.

"세상에 간택되지 말고 세상을 선택하라." 시인 박노해의 말이다. 세상에 간택되는 사람은 간택되기 위한 틀에 맞추기 위해 노력한다. 그리고 그 안에 들어가 속에서 많은 시간을 낭비하고 치열한 경쟁을 한다. 노예의 길을 갈 뿐이다. 그러나 세상을 선택하는 사람은 남을 의식하지 않고 자신의 길을 간다. 주인의 삶을 산다. 이들은 자신만의 노출 플랫폼이 있다.

진단하기 : '드러난 나' 알기

《손자병법》〈모공편〉에 '지피지기면 백전불태(知彼知己百戰不殆)'라는 말이 있다. 이는 "적을 알고 나를 알면 백 번 싸워도 위태롭지 않다. 적을 알지 못하고 나를 알면 한 번 이기고 한 번 진다. 적도 모르고 나도 모르면 싸울 때마다 반드시 위태롭다."는 뜻이다. 나만의 차별화로 경쟁에서 이기는 노출을 하기 위해서는 현재 자신의 노출 수준을 알아야 한다. 진단하기는 노출 프로세스의 첫 번째 단계로 '드러난 나'를 객관적으로 분석하는 것이다.

노출 진단은 현재까지 '드러난 나'를 파악하는 단계다. 절차는 개인 프로파일 진단, 개인 전문 분야 진단, 개인 콘텐츠 진단, 개인 미디어 진단 그리고 개인 진로 진단으로 구성된다. 먼저 개인 프로파일을 진단해보자. 진단은 네이버, 다음 포털에 등록된 자신

〈표 2〉 개인 프로파일 진단 체크리스트

level	구분	내용	진단
0	정보 없음		
1	기본 정보	사진: 출생: 직업(전문 분야): 성별:	
2	이력 정보	학력: 경력: 수상:	
3	연계 정보	가족·지인: 사이트: 페이스북, 트위터, 블로그, 카페	
4	활동 정보	저서·기고·논문: TV·유튜브: 강의: 작품·전시·공연:	

의 프로파일 상태를 파악하는 것이다. 아래 개인 프로파일 체크리스트를 기준하여 진단 항목에 Yes/No를 표기해 보자.

프로파일 진단 수준은 0~4 level의 5단계로 분류된다. 0 level은 개인 프로파일이 포털에 등록되지 않은 상태다. 1 level은 기본 정보만, 2 level은 이력 정보까지, 3 level은 지인·사이트 등 연계 정보까지 그리고 4 level은 개인 활동 정보까지 등록되어 있는 수준을 말한다. 2 level 이하까지는 개인 노출 지수가 낮은 것이다. 3 level은 어느 정도 노출 활동을, 4 level은 상당한 수준의 노출 활동을 한다는 의미다.

두 번째 절차는 전문성 진단이다. 현재 자신이 하고 있는 일을 기준으로 진단한다. 즉 전문성을 가지고 있는지, 전문가의 역량을 보일 수 있는 직업을 가지고 있는지 분석한다. 전문가(專門家)란 어떤 특정한 부문을 오로지 연구하여 그에 관한 지식이나 경험이 풍부한 사람, 또는 그 일을 담당하는 사람을 말한다. 전문가가 되기 위해서는 어떤 직업인지가 중요하다.

직업에는 〈표 3〉 직업 분류처럼 '원(員)', '사(事, 士, 師, 使)', '가(家)'자로 끝나는 3종류가 있다. '원'으로 끝나는 직업은 특정한 전문성이 없어도 수행할 수 있는 단순반복적인 일들이 많다. 보통 월급쟁이들이 이 부류다. 어떤 한 조직에 속해 다람쥐 쳇바퀴 돌듯 살아갈 확률이 높다. '사'자로 끝나는 직업은 전문직으로 경제적으로나 사회적으로 성공할 확률이 높다. 단지 진입 장벽이 높아 문턱을 넘기가 어렵다. 하지만 그 문턱만 넘으면 사회적으로 어느 정도 인정받고 안정된 생활을 할 확률이 높다. 그러나 시장은 정해져 있는데 의사, 변호사 등 '사'자 직업을 가진 사람들이 많아지면서 치열한 경쟁으로 힘들어지고 있다.

'가'자로 끝나는 직업은 기술, 예술 등 창의적인 일을 통해 자신의 영역을 구축하는 전문 영역이다. 건축가, 평론가, 디자이너(설계가), 큐레이터, 컨설턴트 등이 있다. 한 직업 아래 세부적으로 분류되기도 한다. 예를 들어 디자이너의 경우 자동차 디자이너, 가구 디자이너, 제품 디자이너, 직물 디자이너, 의상 디자이너, 액세서리 디자이너, 가방 및 신발 디자이너, 인테리어 디자이너, 무대 및 세트 디자이너, 광고 디자이너, 포장 디자이너, 북 디자이

〈표 3〉 직업 분류

원(員)	사(事, 士, 師, 使)	가(家)
은행원, 회사원, 연구원, 시험원, 안전원, 보조원, 기록원, 사무원, 상담원, 승무원, 안내원, 판매원, 계산원, 정산원, 재배원, 양식원, 도축원, 제조원 수선원, 수리원, 용접원, 정비원, 설치원, 조작원 운전원, 조립원, 배달원, 택배원, 청소원, 미화원 검침원, 정리원, 감시원, 교환원	事: 판사, 검사, 감사 士: 변호사, 변리사, 회계사, 세무사, 항해사, 도선사, 기관사, 조정사, 영양사, 위생사, 치기공사, 치료사, 연구사, 법무사, 노무사, 관세사, 속기사, 조리사, 설계사 師: 의사, 한의사, 수의사, 약사, 한약사, 간호사, 교사, 요리사, 강사, 목사, 안경사, 전도사 使: 관찰사, 특사, 심리사	전문가, 기업가, 건축가, 분석가, 운용가, 작가, 평론가, 번역가, 통역가, 연출가, 화가, 조각가, 서예가, 사진작가, 사진가, 만화가, 연주가, 편곡가, 성악가, 무용가, 안무가, 삽화가, 점술가, 연구가, 수집가, 해설가, 디자이너, 컨설턴트, 행정가, 칼럼니스트, 비평가, 법률가, 예술가

너, 활자 디자이너, 시각 디자이너, 웹 디자이너, 멀티미디어 디자이너, 게임그래픽 디자이너 등이 있다.

'사' 또는 '가'자로 끝나는 직업을 가지고 최소 10년 이상 일했다면 전문가라 할 수 있다. 이 책을 읽는 당신의 직업은 무엇인가? 해당 사항이 없는 사람은 취업 준비생이거나 실직자일 것이다. 이런 부류의 사람은 어떤 직업을 선택할지 신중하게 고민해야 한다. '원'자로 끝나는 직업을 가진 사람은 기본적인 생계를 유지하며 살아간다. 경제적으로 독립하는 데도 시간이 많이 걸린다.

'가'자로 끝나는 직업을 가진 사람은 창의적이다. 이 영역은 진입 장벽 없이 들어 올 수 있다. 그러다 보니 경쟁이 치열하다. 실패도 시행착오도 많다. 경제적으로, 사회적으로 성공하기 어렵다. 특히 경제적으로 어려움을 겪는 사람이 많다. 그러나 한 번 자신의 사고로 새로운 영역을 구축하면 엄청난 성공과 행복을 얻는다. 자기 영역에서 자기가 좋아하는 일을 하기 때문에 자기정체성이나 자아 실현을 할 확률이 높다.

당신은 어느 부류인가? '원'자로 끝나는 직업은 이미 컴퓨터화되었거나 로봇이나 인공지능이 대체할 수 있다. 그러나 '가'자로 끝나는 직업은 창의성이 필요하기 때문에 로봇이나 인공지능이 쉽게 대체하지 못한다. 그렇기 때문에 '원'으로 끝나는 직업은 가치가 떨어지다 결국은 사라지고, '가'자로 끝나는 직업은 가치가 올라가며 계속 살아남을 것이다. 당신이 아직 직업이 없거나 '원'자로 된 작업이라면 '가'자의 직업이 되도록 전략을 짜야 한다.

세 번째 절차는 개인의 노출 콘텐츠 진단이다. 노출 콘텐츠란 단순히 일상적인 취미생활, 여행, 운동, 맛집 탐방, 사람들과의 만남 등과 관련한 노출이 아니다. SNS의 발달로 자신의 일상을 쉽게 노출하고 있다. 많은 양의 정보를 노출하며 살고 있다. 여기서 말하는 노출 콘텐츠는 이런 것들이 아니다. 전문 직업인으로서 그와 관련된 콘텐츠를 주기적으로 생산하고 노출하는지가 중요하다. 콘텐츠로는 쓰기와 말하기가 있다. 쓰기에는 저서·기고·논문이 있으며 말하기는 강의·방송·유튜브·전시·공연 등이 있다. 이런 콘텐츠 노출 건수가 온오프라인 상에서 얼마나 이루어졌는지로 진단한다. 아래 〈그림 2〉의 노출 콘텐츠 진단표를 보자. 당신은 어느 위치에 있는가?

〈그림 2〉 노출 콘텐츠 진단표

콘텐츠	없음	강의·전시·공연	방송·기고	개인 유튜브	저서
level	0	1	2	3	4

0 level은 노출 콘텐츠가 없는 사람이다. 1 level은 강의 · 전시, 공연 등의 노출을, 2 level은 방송 출연이나 신문 · 잡지 등에 기고를 통한 노출을, 3 level은 1인 방송(유튜브)을 통한 노출을, 4 level은 개인 저서를 통한 노출 수준을 말한다. 2 level 이하까지는 개인 노출 지수가 낮다. 3 level은 어느 정도 노출 활동을 한다는 의미다. 4 level은 상당한 수준의 노출 활동이다. 당신이 이미 자신의 이름으로 책을 출판했거나 1인 방송(유튜브)을 하고 있다면 상당한 수준의 노출을 하고 있는 것이다.

마지막은 개인 미디어 진단이다. 개인미디어는 페이스북, 블로그·홈피, 트위터, 유튜브, 인스타그램 등을 활용하고 있는지, 사용 빈도는 어떤지, 추종 세력은 얼마나 되는지로 진단한다.

〈그림 3〉 개인 미디어 진단표

콘텐츠	없음	블로그·홈피	SNS	1인 방송	추종세력(5천 명 이상)
level	0	1	2	3	4

0 level은 개인 미디어가 없는 상태다. 1 level은 블로그 · 홈피만, 2 level은 SNS(페이스북 · 트위터 · 인스타그램 등) 활동을, 3 level

은 1인 방송 운영 그리고 4 level은 추종 세력을 5천 명 이상 확보하고 있는 수준이다. 2 level 이하까지는 개인 노출 지수가 낮다는 것을 의미한다. 3 level은 어느 정도 노출 활동을 하고 있다는 의미이며, 4 level은 상당한 수준의 노출 활동을 의미한다. 만약 당신이 개인 미디어를 통해 추종 세력(팔로어)을 5천 명 이상 확보하고 있다면 상당한 수준의 미디어를 운영하고 있는 것이다.

그러나 우리나라 사람은 문화적으로 노출하는 것을 꺼려한다. 보안 문제로 노출을 통제하는 회사도 많다. 또한 노출에 별로 관심이 없이 자신의 세계에서 혼자 사는 사람도 많다. 앞에서 노출 진단 결과가 노출 활동이 미비하다고 걱정할 것은 없다. 자기의 현재 노출 수준을 냉철하게 인지하는 것이 중요하다. 그리고 노출의 비전과 전략을 수립하면 된다.

03

노출 콘셉트 설정하기: '드러나지 않은 나' 찾기

세상사 모든 것의 성패는 콘셉트에 달려있다. 공자는 "개념이 정립되지 않으면 말을 해도 순리에 맞지 않고, 말이 순리에 맞지 않으면 일이 이루어지지 못한다(名不正即言不順, 言不順即事不成)." 라고 했다. 아무리 노력하고 자신을 노출해도 성공하지 못하는 이유는 자신을 콘셉트화 하지 못했기 때문이다. 자신을 콘셉트화 하지 못하면 다른 사람에게 제대로 어필할 수 없고 '드러나지 않은 나'를 노출하기 힘들다.

이번 장은 '드러나지 않는 나'를 찾아주는 노출 콘셉트 설정하기다. 노출은 새로운 나를 찾는 일이다. 이렇게 하기 위해서는 노출 콘셉트를 만들어야 한다. 먼저 콘셉트란 무엇인가? 콘셉트 (Concept)의 어원은 con-과 -cept가 결합된 단어다. Con-은 '여럿을 하나로', -cept는 '잡다'로 "여럿을 하나로 묶다", "여럿을 하나로 묶은 것"이라는 의미다. 즉, 콘셉트는 인간이 '감각적으로 경험한 내용'을 붙잡는 것이다. 콘셉트는 철학적으로는 '개념'이란 의미다. 마케팅에서는 '사고방식' 또는 '주장', '방향' 등의 의미로도 쓰인다.

그러면 노출 콘셉트란 무엇인가? 노출 콘셉트는 자신을 어필하기 위해 선택한 하나의 일관된 주장이다. 자기만의 독특한 주장이 있어야 대중 속에 들어가서 자신의 정체성을 찾을 수 있다. 노출 콘셉트를 설정하기 위해서는 1)노출 콘셉트 만들기 2)자신의 전문 분야 만들기 3)개인 프로필 만들기 4)노출 이미지 만들기 단계를 거친다.

〈그림 4〉 노출 콘셉트 설정 프로세스

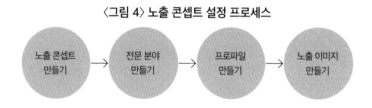

첫째, 노출 콘셉트 만들기 단계다. 개인도 하나의 상품이다. 상품을 잘 팔기 위해 상품 콘셉트를 만들듯 개인도 노출 콘셉트를 만들어야 한다. 노출 콘셉트는 감정, 느낌, 생각을 밖으로 드러내고자 하는 자신의 의도를 말한다. 자신이 노출하고자 하는 '당신을 표현하는 한 줄'이다. 노출의 주제라고 할 수도 있고 한 줄 메시지라고 할 수도 있다. 자신이라는 상품을 콘셉트 없이 내놓는다면 관심받기 어렵다.

당신을 대표하는 '한 줄'을 만들어 내는 것이 노출 콘셉트 만들기다. 예를 들어 박정희 대통령 하면 '산업화', 김대중 대통령 하면 '민주화'라는 문구가 떠오를 것이다. 이것이 한 줄 메시지다. 이들은 평생을 산업화를 위해 민주화를 위해 살아오면서 그와 관련된 언어와 행동을 노출해 많은 것을 이루었다.

〈좋은 노출 콘셉트 만들기 위한 7가지 원칙〉

• 독특한가? 본질적인 부분이 독특해야 한다.

• 차별화가 있는가? 다름이 아닌 끌림이 있고 파급력이 있어야 한다.

• 지속성이 있는가? 콘셉트가 지속적으로 이어져 갈 수 있어야 한다.

• 대중 지향적인가? 대중이 좋아하는 트렌드와 연결되는가.

• 추종 세력을 만들 수 있는가? 노출의 핵심은 추종 세력을 얼마나 만드냐에 있다.

• 스토리가 있는가? 노출은 스토리텔링을 기반으로 대중의 마음속으로 들어가야 한다.

• 단순한가? 콘셉트는 누구든 쉽게 이해할 수 있어야 한다.

"우리는 우리 스스로를 사랑하는 방법을 배워야 합니다. 당신의 이름은 무엇입니까? 무엇이 당신의 심장을 뛰게 합니까? 당신의 목소리를 찾으세요. 조금씩 스스로를 사랑하는 방법을 배워 나갑시다."

방탄소년단(BTS)이 우리나라 뮤지션 최초로 유엔에서 연설한 내용의 일부다. 한국어 노래로 세계를 석권한 방탄소년단은 대한민국 빅히트 엔터테인먼트 소속의 7인조 보컬 그룹이다. 그들은 빌보드 차트 1위를 했고, 미국 시사주간지가 차세대 리더로 선정하며 〈타임〉의 표지를 장식했다. 방탄소년단은 자기노출을 통해 음악으로 세상을 지배했다. 그들의 노출 콘셉트는 무엇인가? '방탄'은 총알을 막아낸다는 뜻으로 10대에서부터 20대들이 사회적 편견과 억압을 받는 것을 막아내고 당당히 자신들의 음악과 가치를 지켜내겠다는 뜻이다. '10대들의 억압과 편견을 막는다.'는 뜻을 유지하면서 '현실에 안주하지 않고 꿈을 향해 끊임없이 달려가는 청춘'이라는 콘셉트로 세상을 무한 질주하고 있다. 이들은 한국어 노래로는 외국인을 사로잡을 수 없다는 단단한 벽을 허물었다. 그 이면에는 노출의 힘이 있다.

둘째, 자신이 노출할 전문 분야 만들기다. 미래학자 다니얼 핑크(Daniel H. Pink)는 "과거에는 특정 형태의 부류(변호사, 의사, MBA 등)가 우대받는 사회였다. 그러나 미래에는 디자인, 스토리, 놀이, 공감, 의미 조화 등 가슴으로 생각하는 사람이 큰돈을 움직일 것이다. 예술가, 발명가, 디자이너, 스토리텔러 등이 풍요한 사회의 즐거움과 보상을 누릴 것이다. 예전에 보잘것없고 가치가 낮다고 인식되던 능력들이 새로운 기회가 될 것이다."라고 말했다. 개인의 시대는 평생 자신을 노출할 수 있는 전문 분야의 일거리를 갖는 게 중요하다. 조직의 시대가 통념적으로 만들어 놓은 전문 분야가 아닌 지속적으로 자기만이 만들어 가고 스토리텔링할 수 있는 분야를 만드는 게 필요하다.

나는 어떤 전문 분야에서 일할 것인가? 어떤 전문성을 가지고 세상에 노출하며, 어떻게 세상으로부터 인정받을 것인가? 무엇을 노출하여 자신의 정체성을 확인하고, 유일한 전문 분야를 지속해 나갈까? 이에 대한 답을 찾아내야 한다. '드러나지 않은 나'를 어떻게 하면 잘 드러나도록 할 것인가? 여기서 전문 분야를 잘 선택해야 '내가 바라는 나'를 창조해갈 수 있다. 전문 분야를 선택하는 중요한 기준은 자신이 좋아하는 길이냐다. 조직의 시대에 없는 분야를 만들어라. 과장, 부장, 팀장, 사업부장, 대표 등은 개인의 시대에 의미가 없다. 직업을 선택할 때, '원', '사'자가 들어간 직업보다 '가'자가 들어간 직업을 선택하라. '원'이나 '사', '자'자가 들어간 직업은 자신만의 전문성을 가질 수 없다. '가'자가 들어간 직업은 그 문턱을 넘었어도 그것을 차지하는데 치열한 경쟁을 해야 한다. 그 영역에서 자신을 노출하는 데도 많은 제약이 따른다. 자기가 창조하고 싶은 길을 갈 수 없게 만든다.

전문가란 어떤 분야를 연구하거나 그 일에 종사하여 그 분야에서 상당한 지식과 경험을 가진 사람이다. 노출 세계에서는 전문가를 다른 사람이 인정해 주는 게 아니라 내가 인정하면 된다. 관점을 바꿔라. 나는 유일한 생각을 하고 유일한 전문성을 가진 사람이라고 생각하라. 창직(創職)디자이너, 숲 해설가, 여행 큐레이터, 자서전 수집가, 전통 맛 음미가, 야생화 관찰가, 빅데이터 분석가, 디지털 평론가, 은퇴 전략가 등과 같은 자신이 원하는 전문 분야를 찾아라.

셋째, 개인 프로필 만들기다. 프로필은 자신을 알리는 첫 번째 관문이다. 네이버, 다음 포탈에서 분류하는 카테고리(사진, 기본정보, 학력, 경력, 수상내역, 노출 이력 등)를 기준으로 만들어간다. 첫인상을 좌우하는 프로필 사진은 노출 분야와 어울리는 사진이 좋다.

〈성공적인 노출을 위해 지켜야 할 프로필 사진 6가지〉
• 정면을 응시하라
• 사진 속에는 당신만 있어야 한다.
• 얼굴이 선명해야 한다.
• 최근에 찍은 사진을 사용해라
• 자신의 노출 분야에 맞는 복장인지 유념해라
• 기분 좋은 표정(밝은 모습, 호감이 가는 모습)을 유지해라

프로필 사진을 선택할 때는 다른 사람에게 의견을 물어라. 호주 뉴사우스웨일스대학 연구진은 프로필 사진을 보고 상대방의 첫인상을 판단할 수 있다는 사실에 따라 어떤 사진을 선택했을 때 긍정적인 효과를 볼 수 있는지 조사했다. 결과는 자신이 아닌

다른 사람이 고른 사진이 훨씬 더 긍정적인 인상을 주었다. 연구 책임자인 데이비드 화이트(David White) 교수는 "연구를 통해 본인이 생각한 모습과 상대방이 판단한 모습이 다르다는 것을 발견했다."며 "앞으로 프로필 사진을 변경할 때 다른 사람에게 물어볼 것을 추천한다."라고 강조했다.

자신의 직업을 표현하는 항목은 평생 자신을 노출할 수 있는 직업을 써라. 가능하면 자서전 수집가, 여러 가지 문제 연구가 등 '가'자를 가진 직업으로 표기한다. 학력은 박사, 석사, 학사 순으로 그리고 고등학교까지 등재하는 게 좋다. 우리나라 3대 엔터테인먼트 업체인 JYP의 대표인 박진영은 직업 부문에 가수, 음반제작자라고 표기되어 있다. 경력은 단순한 직책 나열이 아닌, 자신의 노출과 연관되게 각색한다. 평소 생활할 때도, 경력을 갱신하겠다는 목표로 살아야 한다. 최소 1년에 한 줄을 늘릴 수 있도록 계획을 갖고 살아야 한다. 수상 내역은 자기 노출에 필요한 수상 중심으로 등재하되, 자기 노출에 부합한 상을 받을 수 있는 활동을 병행해야 한다. 소설가 같으면 ○○문학상 수상 등과 같은 것이다. 기존 제도권 세력이 주는 수상도 의미 있지만, 자기 영역에서 자신이 상을 만들어 줄 수도 있어야 한다. 프로필이 만들어지면 지금 당장 포털(네이버, 다음)에 입력해라. 입력해야 노출이 된다. '숨어 있는 나'는 의미 없다. 과감하게 실천해라. 그래야 노출에서 이긴다.

마지막으로 노출 이미지 만들기다. 노출 이미지에는 자신만의 철학적 사고가 담긴 핵심 노출 메시지와 명함이 있다. 먼저 자신을 대표하는 한 줄 메시지를 만든다. 즉, 당신이 노출하고 싶은 메시지를 정의하는 것이다. 예술가는 인류에게 어떤 메시지를 던지고 싶은 갈망이 있고, 메시지 구현을 위해 스스로 동기부여가 돼 작품을 만든다고 한다. 예술가처럼 메시지를 던져야 한다. 메시지는 노출에서 전달하고자 하는 차별화된 콘셉트이자 테마이다. 메시지란 받아들이는 사람이 스스로 생각할 수 있도록 만드는 지식이다. 진정한 메시지는 사람 마음에 스스로 녹아든다. 메시지에는 다음 세 가지가 있어야 한다.

- 노출하고자 하는 목적이 명확하게 담겨야 한다.
- 논리와 근거가 제시되어야 한다.
- 노출의 새로운 관점을 담아야 한다.

메시지는 자신의 주장과 의견 그리고 이를 뒷받침하는 근거로 구성된다. 한 문장으로 간결한 것이 좋다. 그리고 이 문장이 자신의 이름과 직업과 연계되어 항상 매핑(Mapping)이 되도록 반복해서 노출해야 한다. 핵심을 꿰뚫는 노출 대표 메시지를 만들어라. 노출은 인간의 사고와 메시지를 표현하는 의사소통 기구다. 점 하나, 느낌표 하나로 대중의 감성을 흔들고 추종 세력을 만든다.

다음은 자신을 노출할 명함을 만드는 것이다. 명함은 사회적 가면이다. 우리는 처음 만나는 사람과 명함을 교환한다. 명함이 자신의 얼굴이 된다. 명함을 주고받는 건 단지 형식에 불과할지 몰라도 상대와 악수를 하며 이름을 부르는 건 앞으로 당신을 기억하겠다는 다짐이다.

"내가 그의 이름을 불러주었을 때 그는 나에게로 와서 꽃이 되었다."

김춘수 시인의 〈꽃〉에 나오는 시 구절이다. 내가 그 이름을 불러주기 전에는 하나의 몸짓에 불과하지 않았지만 이름을 불러주면 꽃이 된다.

콘텐츠 만들기 : '바라는 나'로 태어나기

프랑스 작가 폴 부르제(Paul Bourget)는 "생각하는 대로 살지 않으면 사는 대로 생각하게 된다"라고 말했다. 생각하는 대로 사는 사람과 사는 대로 생각하는 사람의 차이는 크다. 전자는 자신이 바라는 삶을 살고, 후자는 남들이 만들어 놓은 삶을 산다. 대부분의 사람들은 명확한 자기 정체성이 없이 사는 대로 생각하기 쉽다. 그리고 그 생각 속에 매달려 힘들게 살아간다. 내가 '바라는 나'로 태어나지 못하기 때문이다. 이것을 해결할 방법은 없을까?

'바라는 나'로 사는 것은 노예의 삶이 아닌 주인의 삶을 사는 것이다. '바라는 나'로 살기 위해서는 삶의 지향점이 달라야 한다. 다른 사람과 비슷하게 생각하고 행동한다면 치열한 경쟁에서 살아남을 수 없다. 그뿐 아니라 내가 바라는 나를 찾을 수 없다. 바라는 나로 태어나기 위해서는 어떻게 해야 할까? 답은 단순하다. 자신의 노출 콘텐츠를 만드는 것이다. 자기노출 정도에 따라 '바라는 나'가 달라지기 때문이다. 노출 수위가 높으면 바라는 나가 높아지고 노출 수위가 낮으면 바라는 나도 낮아진다.

이제 한 사람의 크기는 노출의 크기로 결정되는 시대다. 노출을 많이 할수록 자신의 크기가 커진다. 그래서 노출 콘텐츠 만들기가 중요하다. 노출 콘텐츠를 만드는 단계는 1)노출 콘텐츠 맵 만들기 2)콘텐츠 소스 모으기 3)생각 꺼내기 & 스토리 만들기 4)글쓰기 5)말하기다. 자신이 만들어 낸 노출 콘텐츠가 추종 세력을 만들고 새로운 산업을 만든다. 개인의 시대에는 1인이 산업을 이끌어 간다. 한 사람이 방송국을 만들 수도 있고, 연구소도 만들 수 있고, 기업체도 만들 수 있다. 자신의 노출 콘텐츠를 어떻게 만들어가느냐에 따라서 말이다.

<그림 5> 노출 콘텐츠 만들기 프로세스

첫 번째 단계는 노출 콘텐츠 맵 만들기다. 이미 앞에서 당신은 평생 가져가야 할 전문 분야('가'자가 들어가는 직업 유형)를 생각했을 것이다. 이를 기준으로 콘텐츠 맵을 만드는 것이다. 콘텐츠 맵은 1)몸의 노출 2)감정의 노출 3)지식의 노출 4)생각의 노출에 따

<표 4> 노출 유형

유형	설명	내용
몸의 노출	몸과 몸짓으로 할 수 있는 것	일상, 몸, 표정, 꾸미기 (옷, 액세서리, 화장)
감정의 노출	감정으로 표현할 수 있는 것	작품(미술, 공예, 조형, 요리) 공연(노래, 연기, 연주, 춤, 운동)
지식의 노출	체험, 경험으로 노출할 수 있는 것	일, 취미활동
생각의 노출	새로운 것, 철학적인 것	평가, 해설, 평론, 주장, 의도

라 각각에 대해서 무엇을 노출할 것인가를 정하는 것이다.

첫째, 몸의 노출은 몸과 몸짓으로 노출할 수 있는 것들이다. 일상, 몸, 표정, 꾸미기(옷, 액세서리, 화장) 등 몸을 직접적으로 노출하는 행위이다. SNS상에서 노출은 사진이나 동영상으로 촬영해 활용한다. 누구를 만나거나, 식사를 하거나, 어디를 방문하거나, 결혼식 등 이벤트에 참석하는 등 일상에서 일어나는 몸의 노출을 모멘트 형식으로 노출한다. 현재 많은 사람이 무차별적으로 몸의 노출에 집중하고 있다. 이런 노출은 효과가 그리 높지 않다. 사람들에게 피로를 줄 뿐이다. 선택과 집중이 필요하다. 전략적으로 '바라는 나'로 가기 위해 무엇을 노출하고 무엇을 노출하지 말지 선택이 필요하다.

둘째, 감정의 노출이다. 내면에 내재해 있는 감정을 노출하는 것이다. 자신의 감정을 미술, 공예, 조형, 요리 등 제품이나 노래, 연기, 연주, 춤, 운동 등 공연과 같은 행위로 노출하는 것이다. 감정의 노출은 '희노애락애오욕'의 7가지 감정을 눈으로 볼 수 있고 손으로 만질 수 있도록 하는 것이다. 노출은 말하기나 글쓰기로만 되지 않는다. 대중을 끌어들이는 것은 말하기나 글쓰기보다 감정을 통한 노출이 더 효과적이다. 노출 콘텐츠 맵을 만들 때 어떤 감정을 노출할지 고민해야 한다. 눈으로 보고 손으로 느낄 수 있는 노출이 설득력 있다.

셋째, 지식의 노출은 체험이나 경험을 노출하는 것이다. 체험이나 경험은 일과 취미활동 등에서 체득한 것을 노출하는 것이다. 특히 자기 직업에서 경험한 지식을 노출하는 것이 좋다. 자신이 경험한 일거리에서 얻을 수 있는 지식들을 A~Z까지 분류한 후 논리적이고 체계적으로 콘텐츠를 노출하라. 그 분야에 관심이 있는 사람들이 모여든다. 만약 자신이 '프랑스 요리가'라면 프랑스 요리의 역사, 요리의 종류, 조리법, 맛있게 먹는 법 등을 체계적으로 정리하여 노출하면 된다. 한 권의 책이어도 좋고, 블로그에 일기처럼 기록해도 좋고, 유튜브에 동영상으로 올려도 좋다.

마지막으로 생각의 노출은 평가, 해설, 평론, 주장, 의도 등 자신의 생각을 노출하는 것이다. 단순한 팩트의 노출은 대중을 유혹하지 못한다. 노출에 자기 생각을 담아야 한다. 그래야 한 분야의 전문가로 인정받을 수 있다. 자기 생각을 노출하는 사람과 타인의 생각을 노출하는 사람이 있다. 타인의 생각을 노출하는 사람은 자신만의 노출 콘텐츠 전략이 없는 사람이다. 자신의 콘텐츠 전략이 없으면 지속성이 없고, 대중을 끌어들이는 힘도 없다.

두 번째 단계는 노출 콘텐츠를 위한 소스 모으기다. 소스 모으기는 습관화되어 있어야 한다. 일상을 스크립트화 해야 한다. 스크립트화 한다는 것은 일상을 사진이나 동영상 등의 메모로 남기는 것이다. 책 읽기와 신문 읽기를 생활화한다. 나는 책을 읽고, 신문을 읽고, 핵심 메시지를 엑셀에 기록으로 남긴다. 수십 년째 이런 생활을 하고 있다. 이렇게 모아놓은 내용만 인쇄해도 책 몇 권이 나올 정도다. 문화생활(영화, 연극, 공연, 스포츠, 축제, 여행 등)을 통해 영감을 얻는 것도 중요하다. 사람은 문화를 만든다. 사람의 삶이 문화가 된다. 자신을 노출하는 이유 중 하나는 자신만의 산업을 만드는 것이다. 그 원천에 문화가 자리 잡고 있다.

또 하나는 현재 자신이 속해 있는 분야에서 일하면서 소스를 모은다. 사람은 누구나 일하며 산다. 같은 일을 해도 그 결과는 사람에 따라 다르다. 결과를 만들어내는 과정도 다르다. 일에서 얻어지는 노출 콘텐츠 소스는 중요한 자산이다. 관심 있는 분야의 전문가를 만나는 것도 소홀히 해서는 안 된다. 새로운 역사는 생각과 생각의 충돌에서 만들어진다. 자신의 생각을 충돌시키기 위한 좋은 방법은 전문가의 생각을 들어보는 것이다.

인터넷 기술과 SNS의 발달로 우리는 세상의 수많은 사람들과 소통하며 살 수 있게 되었다. 미국 대통령도 아프리카의 가난한 소년도 만날 수 있는 시대다. 시공을 초월한 연결을 통해 콘텐츠 소스를 얻어라. 실제로 나는 페이스북, 트위터, 블로그, 유튜브 등 SNS를 통해 많은 영감을 얻고 있다. 그리고 그 영감들은 내가 만드는 콘텐츠 속에 녹아 들어가고 있다. 업무나 여행을 통해 체험하고 깨달음을 얻어라. 그것이 노출 콘텐츠가 된다.

세 번째 단계는 생각 꺼내기와 스토리 만들기다. 세상에 존재하지 않은 자신만의 영역을 만드는 일이다. 생각을 하지 못하면 일이 만들어 질 수 없다. 세상은 자신이 생각하는 대로 굴러간다. 그 생각에 스토리를 입힌 것이 자신만의 역사가 된다. 생각이란 헤아리고 판단하고 인식하는 것 따위의 정신 작용이다. 사람은 누구나 생각하며 살아간다. 생각만 하면서 사는 사람이 있는가 하면 생각을 꺼내는 사람이 있다.

생각 꺼내기란 평생 자신이 할 일을 만들어 내는 것이다. 불교에서는 '화두'라고 한다. 생각 꺼내기는 자신이 평생 걸어야 할 인생의 테마를 만드는 것이다. 평생 자기가 좋아할 일에 평생 매달려 시간을 보낼 그 무엇이다. 당신은 이런 생각 꺼내기를 하고 있는가? 평생 몰입할 일거리를 찾았는가? 그러면 스토리 만들기는 무엇인가. 이야기를 만들어 가는 것이다. 그러나 간단한 일이 아니다. 왜냐면 생각 꺼내기에서 만들어진 화두에 옷을 입혀가는 일이기 때문이다.

현재 나는 '사이경영'이라는 화두를 가지고 생각 꺼내기를 하고 있다. 필자가 평생 고민하고 시간을 보낼 분야다. '사이경영'은 필자가 최초로 만든 언어이자 경영 분야다. 인간과 인간, 인간과 사물, 사물과 사물에는 '사이' 또는 '틈'이 있다. 개인의 시대에는 이 사이에서 많은 비즈니스가 창출될 것이다. 개인의 시대에는 이

틈을 잡는 자, 틈새에서 새로운 것을 창출하는 자가 강자가 될 것이다. 사이경영이란 이런 사이를 줄여 인간에게 편익을 제공하고, 시간이나 비용의 손실을 줄여주는 경영이다.

나는 내 직업을 '사이경영 연구가'라고 붙였다. '사이경영'은 생각 꺼내기의 결과물이고 '사이경영 연구가'는 스토리 만들기의 도구다. 나는 세상에서 가장 큰 연구소를 만들려 한다. 그 연구소에서 세상에서 가장 많은 사람이 가장 많은 연구 과제를 수행하여 인류가 가지고 있는 문제들을 해결하고 싶다. 사이경영연구소를 통해 수많은 스토리가 만들어질 것이다. 나의 생각 꺼내기와 스토리 만들기가 개인의 시대에 어떤 역할을 할지 생각하면 가슴이 뛴다.

네 번째 단계는 글쓰기 단계다. 글쓰기는 자신의 생각을 노출하는 수단 중 하나다. 글쓰기는 생각 꺼내기와 스토리 만들기의 중요한 수단이다. 세상과의 노출은 글과 말로써 이루어진다. 글은 내 생각이 다른 사람의 생각과 만나는 접점이 된다. 글로 표현되어야 사람을 감동시킬 수 있고, 추종 세력을 만들 수 있다. 글쓰기에서는 블로그, 칼럼, 책 쓰기 등이 있다.

첫째, 블로그 쓰기다. 블로그는 간단히 웹상에 일기를 쓸 수 있도록 만들어 놓은 플랫폼을 말한다. 웹(Web)과 로그(Log)의 합성어다. 블로그를 사용해야 하는 이유는 노출 효과 때문이다. 블로그는 최신 정보를 빠르게 공유할 수 있고, 대중의 니즈를 잘 파악할 수 있게 한다. 대중의 반응도 즉각적으로 확인할 수 있다. 블로그는 1인 미디어로 인터넷을 통해 기존 신문사, TV 방송 등 어떤 미디어 못지않은 힘을 발휘한다. 개인을 노출시킬 수 있는 강력한 도구다.

한편 기존 매체로 자신을 노출하는 것은 제약이 많았다. 유명인이 아니면 기존 매체에 들어가기 어렵고, 들어가더라도 극히 숫자가 제한이 된다. 기존 매체가 제시하는 기준 때문이다. 그러나 블로그는 비용 지출 없이도 1인 신문사나 1인 잡지사를 만들어 운영할 수 있다. 대중이 환호하는 콘텐츠를 생산하고, 노출 전략만 잘 사용하면 기존 매체에 버금가는 역량을 발휘할 수도 있다. 블로그는 자기를 알리기 위해서 시작한다. 콘텐츠의 전문성에 따라 금전적 수익을 내기도 한다. 블로그는 자신이 생각하는 것을 가장 체계적이고 논리적이고 신속하게 노출할 수 있는 도구다.

노출 콘텐츠 만들기는 블로그에 자신의 생각을 쓰기 시작하면서부터다. 짧은 글도 좋고 전문성이 있는 글도 좋다. 자신이 가고자 하는 전문 분야에 집중하여 콘텐츠를 지속적으로 만들어 가면 된다. 만약 자신이 평생 가야 할 직업을 '전통음식 맛 탐색가'라고 정했다면 전통음식의 종류, 만드는 법, 맛보는 법, 맛집, 이수자 등에 관련된 글을 주기적으로 올려라. 콘텐츠가 좋다면 블로그 이웃이 생기고 홍보가 되어 수익이 발생한다. 블로그 글이 모이면 책으로 출간할 수도 있다.

둘째, 칼럼 쓰기다. 칼럼이란 자신의 주장을 읽는 사람에게 유연하게 전달하기 위한 글이다. 원고지 10장 또는 아래한글 1장 안

밖의 기사로 신문이나 잡지에 기고하는 짧은 평론이다. 칼럼을 써야 하는 이유는 자신의 주장과 개성을 확실하게 드러낼 수 있기 때문이다. 칼럼을 쓰면 자신의 지식과 경험을 알릴 수 있다. 예리한 시각과 날카로운 감각으로 비판가의 면모를 부각할 수 있다. 인간적인 감정을 기반으로 대중에게 자신을 각인시킬 수 있다. 칼럼은 글쓰기의 시작이며 자신을 전문가의 반열에 들어서게 만들 수도 있다.

셋째, 책 쓰기다. 자신의 이름으로 된 책을 내고 싶어 하는 사람들이 많다. 필자도 직장생활을 시작하면서부터 책을 쓰고 싶었다. 그러나 쉽지 않았다. 시간이 없기도 했지만 책을 쓰는 사람은 따로 있다고 생각했다. 책 쓰기는 내 분야가 아니라고 생각했다. 그러나 최근 몇 권의 책을 내면서 평범한 사람도 책을 쓸 수 있다는 사실을 알게 되었다.

사람들은 책을 쓰면 많은 돈을 벌고 유명인사가 될 수 있다고 착각한다. 그렇지 않다. 한 해에 수만 권의 책이 쏟아진다. 그 중에 알려진 책은 소수에 불과하다. 요즘은 유튜브의 발전으로 책을 직접 사서 읽는 경우가 많지 않다. 우리나라 국민의 독서량도 해마다 줄고 있다. 꼭 필요한 수험서가 아니면 책이 팔리지 않는다. 그런데도 책을 쓰겠다고 하는 사람이 많다.

책을 한 권 쓰면 얼마를 벌까? 필자의 경우 3~4백만 원 정도의 수익이 발생했다. 책을 쓰기 위해서는 1년 이상의 시간이 소요되는 것에 비해 수익이 너무 적었다. 대개 초보 작가의 경우는 인세가 권당 8% 정도다. 권 당 15,000원에 1쇄(2,000부)가 팔렸다고 가정했을 때 인세 수익은 240만 원이 나온다. 실제 초보 작가의 경우 1쇄가 다 나가기도 힘들다. 만약 돈을 벌기 위해서 책을 쓴다면 당장 책 쓰기를 멈춰라.

그런데도 책을 써야 하는 이유가 뭘까? 책은 노출 콘텐츠 만들기의 중요한 수단이기 때문이다. 평범한 사람이 책을 쓴다는 것은 쉬운 일은 아니다. 책을 쓰게 되면 대중의 시선이 달라진다. 작가라는 호칭이 따라온다. 자신의 직무나 기술 관련 책을 내면 그 분야의 '전문가'로 인정받고 개인의 브랜드 가치가 올라간다. 자기 이름의 책으로 경력 한 줄이 올라가고 세상에 자신의 이름을 남기기도 한다. 현재 아무리 좋은 직장, 높은 지위, 풍부한 경험, 탁월한 실적을 올렸다 해도 시간이 지나면 의미 없는 것들이 된다. 책은 그렇지 않다. 책은 자신의 가치를 올려주고 전문성을 증명해준다. 강력한 노출 콘텐츠를 만들기 위해서는 책을 써야 한다. 한 권보다는 전문 분야에 대해서 여러 권 쓰는 것이 좋다.

마지막 단계는 말하기다. 말하기에는 유튜브 하기, 강연, 프레젠테이션, 토론 등이 있다. 말하기는 '바라는 나'로 태어나기 위한 중요한 수단이다. '드러나지 않은 나'를 드러나게 하기 위한 강력한 수단이기도 하다. 노출한 글이나 말을 통해서 그 사람을 알기 때문이다. 자기의 생각, 느낌, 감정, 주장, 의도 등을 효과적으로 말하기를 통해서 전달할 수 있어야 한다. 쉬운 일이 아니지만 말을 잘하는 사람들이 세상을 지배해온 것은 사실이다.

자신을 드러내는 말하기의 강력한 도구는 유튜브이다. 넥스트 빌리언(Next Billion) 시대에 들어서고 있다. 넥스트 빌리언이란 동영상 소통에 의존하는 10억 신인류를 일컫는 말이다. 소통수단이 문자에서 동영상으로 바뀐 것이다. 특히 문맹률이 높은 개발도상 국가에서 스마트폰, 통신망 보급이 늘면서 문자보다 이미지나 동영상으로 소통하는 인류가 많아지고 있다. 유튜브가 대세다. 사람들은 문자를 읽는 것보다 동영상을 보면서 소통한다. 동영상 기반인 유튜브가 문자를 기반으로 한 구글, 네이버를 제쳤다.

유튜브 덕분에 한 개인이 방송 인프라 구축을 위한 비용을 들이지 않고도 1인 방송국을 만들 수 있다. 자신이 생산할 수 있는 노출 콘텐츠가 있다면 말이다. 유튜브는 개인이 독창적으로 제작한 동영상을 검색하고 공유하는 공간을 제공한다. 또한 전 세계 사람들이 서로 만나고 정보를 공유하며 아이디어를 주고받을 수 있는 포럼을 제공한다. 규모에 관계없이 모든 콘텐츠 제작자와 광고주를 위한 배포 플랫폼 역할을 한다.

유튜브는 학벌, 나이, 성별, 외모와 상관없는 '미디어 창업시장'을 만들어 주고 있다. 모든 사람이 '콘텐츠 제작자'로 활동할 수 있는 플랫폼을 제공한다. 이 플랫폼, 뉴미디어 환경 속에서 사람들은 1인 미디어 시대라는 새로운 직업을 만들고 있다. 유튜버가 급속하게 늘어나는 이유는 노출 콘텐츠에 따른 수익이 발생하고, 해고 걱정이 없는 자유직업을 만들 수 있고, 사회적으로 영향력이 있는 주인공이 될 수 있기 때문이다. 유튜브가 자신을 아무런 제약 없이 노출하는 도구가 된 것이다.

말하기의 도구로 토론과 프레젠테이션, 강연 등이 있다. 토론은 일대일, 일대다, 다대다 자간에 어떤 주제를 가지고 상호 주장과 의견을 말하는 것이다. 프레젠테이션, 토론, 강연 등은 모두 상대가 있고, 다른 사람을 의식하고, 일정한 베이스라인을 준수해야 한다. 이 때문에 진정한 의미의 노출이라고 말할 수 없다. 말하기의 노출 콘텐츠를 만들기 위해서는 유튜브 메커니즘을 최대한 활용하도록 한다.

노출의 질이 삶의 질을 결정하는 시대다. '나'는 내가 생각하는 나와 사회가 생각하는 나가 있다. '내가 생각하는 나'도 '진짜 나'와 내가 노출한 다시 말해 내가 연기한 '가짜 나'가 있다. 문제는 사회가 생각하는 나와 진짜 나와의 갭(차이)이다. 더욱이 사회가 복잡해지고 경쟁이 치열해질수록 자신이 느끼는 갭이 더 커지고 있다. 이로 인해 좌절감, 사회 부적응, 불안감, 소외감 등 많은 문제가 발생한다. 이런 갭을 줄일 수 있는 대안은 적극적인 자기 노출을 통해 '내가 노출한 나'를 만드는 것이다.

노출하기 : 나를 세상에 전달하기

자신의 콘텐츠를 세상에 알리는 사람이 있고, 다른 사람의 콘텐츠를 알리는 사람이 있다. 조직의 시대에서는 다른 사람의 콘텐츠를 조리 있게 효과적으로 잘 전달만 해도 먹고사는 데 문제가 없었다. 다른 사람의 콘텐츠를 전달하는 사람은 시계에 갇혀 산다. 아침에 일어나면 가장 먼저 시계를 보고 하루를 시작한다. 자신의 몸은 시간에 종속되어 시계추처럼 왔다갔다 한다. 어느 순간 주인이 아닌 종의 삶을 살고 있다고 느끼게 된다. 그리고 삶 자체가 '불안', '불만', '결핍', '공허', '지루함'으로 이어지고 의욕을 잃게 된다.

자신의 콘텐츠를 세상에 알리는 사람은 다르다. 이들은 주인의 삶을 살아간다. 자신이 좋아 하고, 자신이 하고 싶어 하는 일을 하기 때문에 불안이나 결핍이 없다. 대부분의 사람들은 주인의 삶을 살고 싶어 하지만 쉽지 않다. 어떻게 하면 주인의 삶을 살 수 있을까. 자신만의 노출 플랫폼을 만들어 나의 콘텐츠를 세상에 전달해야 한다. 노출 플랫폼이란 다양한 사람들을 연결시켜주고 나를 알리는 공간이다. 자신만의 노출 플랫폼으로 무장해야 자신의 목소리를 제대로 세상에 전하고 추종 세력을 만들 수 있다. 〈그림 6〉처럼 노출 플랫폼은 MCSP의 4가지(My Territory + Contents + SNS + People)로 구성된다.

첫째, 자기 영역(My Territory) 구축이다. 자기 영역은 생각, 일, 정체성, 가치로 구성된다. 앞장에서 여러분은 자신의 전문 분야, 예를 들어 전통음식 맛 기행 전문가 등 '가'자로 끝나는 평생 가지고 갈 직업을 정의했을 것이다. 이 전문 분야에 적합한 생각, 가치, 일, 정체성으로 자신만의 고유 영역을 만들어야 한다.

자기 영역을 구축하기 위해서, 먼저 자신의 생각을 정리해야 한다. 생각이란 사고(思考, Thinking)다. 사고는 정신에서 판단 기능을 함으로 정신적 작용이나 행동하는 움직임의 모든 것을 결정한다. 사람은 행동하기 전에 생각하고, 그 생각한 것을 노출할 수 있다.

노출 플랫폼에는 자신만의 생각 체계가 있어야 한다. 다른 사람이 생각하지 못한 것을 생각할 수 있어야 한다. 평생 가져가야 할 자신의 전문 분야를 노출하기 위해서 어떻게 이해하고 어떻게 행동해야 할 것인가를 헤아리는 것이 노출 플랫폼의 생각 만들기다.

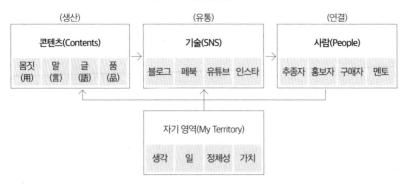

〈그림 6〉 노출 플랫폼 구성도

다음으로 자신이 해야 할 일을 정리하는 것이다. 사람이 일한다는 것은 매우 중요한 철학적 개념이다. 옛말에 사람이 태어나면 하늘이 직을 내린다 하여 천직을 타고난다고 했다. 왜 사람들은 일하는가? 먹고살기 위해서다. 일차적으로 의식주(衣食住)를 해결하기 위해 일한다. 이런 기본이 해결되면 사람들은 일하면서 사회관계를 맺고 그 속에서 보람과 행복을 찾는다. 또한 일은 자아 정체성을 형성해 준다. 일이 없다면 자기 영역을 구축할 수 없다. 자신을 노출하기 위해서는 자기 일을 만들어야 한다. 이런 일거리는 다른 사람이 만들어 놓은 것일 수도 있고, 자신이 만든 것일 수도 있다. 노출 플랫폼에서 일은 자신이 좋아하는 것, 잘 할 수 있는 것, 평생 할 수 있는 것, 그리고 자신의 정체성을 찾을 수 있는 것이어야 한다. 또한 그 일은 지속적으로 노출 콘텐츠를 만들어 낼 수 있어야 한다.

다음은 정체성 정리다. 정체성은 '스스로 자신을 바라보고 인식하는 것'을 의미한다. 또한 자신에게 자존감을 살려줄 수 있는 정신적 언덕이다. 예술 작품이 사람들에게 가치와 감동을 선사하는 것은 창의성과 함께 자신만의 정체성 때문이다. 정체성이 있어야 가치와 감동을 주어 경쟁에서 살아남을 수 있다. 정체성은 어떤 어려움이 닥쳐도 포기하지 않는 힘을 주며, 자신을 세상으로부터 우뚝 서게 한다. 안도현 시인은 "목소리의 정체성이 그 사람의 정체성이다."라고 했다. 이처럼 자신의 목소리를 찾는 것이 노출 플랫폼에서 정체성을 만드는 것이다.

또한 가치를 정리해야 한다. 아인슈타인은 "성공한 사람이 되려 하지 말고 가치 있는 사람이 되려고 하라."라고 말했다. 자신이 중요하게 생각하는 가치의 우선순위를 체계화해야 한다. 당신은 어디에 중심을 두고 살 것인가를 정해야 한다. 돈, 권력, 명예, 출세, 성공, 가족, 삶의 여유, 나눔 등 수많은 가치가 있다. 돈이 많고 적음보다는 자신의 가치관에 맞게 돈을 쓰고 있는지가 행복한 삶을 결정한다. 만약 당신이 대기업에 들어가 일한다고 가정해 보자. 당신의 생활은 회사 중심으로 굴러갈 것이다. 주위에 많은 경쟁자가 있고, 그 경쟁자를 물리치기 위해 죽어라 일할 수도 있다. 연봉은 많이 받겠지만 밤을 새고 필요에 따라 주말에도 일할 수 있다. 일 속에 파묻혀 지내게 된다. 이게 과연 옳은 삶인가? 가치를 어디에 두느냐에 따라 자신의 운명의 방향이 결정된다. 노출 플랫폼에서 가치를 정의하는 것은 자신의 유일함을 평생 가져가기 위함이다. 다시 말해 단순한 노출보다 어떤 가치를 추구하는 자신만의 브랜드를 보여주기 위함이다. 그것이 나눔이어도 좋고, 가족이어도 좋고, 삶의 여유여도 좋다.

둘째, 자신이 노출한 콘텐츠를 생산하는 것이다. 몸짓, 말, 글, 품이 있다. 콘텐츠는 자기 영역에서 정의된 생각, 일, 정체성, 가치에 기반해 생산해야 한다. 몸짓은 일상, 몸, 표정, 꾸미기 등에서 나오는 노출 콘텐츠를 말한다. 대부분의 사람들은 몸짓의 노출 수준에 머물러 있다. 일상적인 생활 모습은 주목되기 어려운 콘텐츠다. 그러나 무시할 수는 없다. 말은 소리로 전달되는 콘텐츠이다. 예로 강의, 토론, 평론, 인터뷰 등 동영상으로 만들어져 공유될 수 있는 것들이다. '글'은 자기 이름으로 쓰여진 콘텐츠다. 책, 논문, 칼럼, 평론 등이 있다. 글은 객관적으로 한 사람의 역량을 보여주는 도구다. '품'은 자신의 이름으로 제품이나 상품화 할 수 있는 것들이다. 예를 들면 작품(미술, 공예, 조형, 요리), 공연(노래, 연기, 연주, 춤, 운동) 등이다. 이러한 콘텐츠를 체험과 경험을 기반으로 새롭게 지속적으로 창조해 나가야 한다.

셋째, 자신이 생산한 콘텐츠를 유통하는 것이다. 아무리 콘텐츠가 좋아도 대중이 알지 못하면 소용이 없다. 조직의 시대에는 자기 콘텐츠를 유통하기가 어려웠다. 예를 들어 방송 출연이나 신문이나 잡지에 기고하기가 쉽지 않았다. 엄격한 기준이 있어 벽을 넘기 힘들었다. 그러나 개인의 시대는 SNS 기술의 발전으로 누구나 콘텐츠를 유통할 수 있다. 비용 없이 1인 미디어 매체를 만들 수 있다.

마지막으로 사람과의 연결이다. 상호작용이라고 해도 좋다. 자기 노출의 핵심은 자신만의 영역을 구축하고 추종 세력을 얼마나 만드냐이다. 사람에는 추종자, 홍보자, 구매자(구독자), 멘토 등이 있다. 추종 세력이 자발적으로 생겨나도록 하는 게 핵심이다. 추종자는 노출 콘텐츠가 좋아 맹목적으로 따르는 사람이다. 노출된 콘텐츠에 댓글을 달거나 '좋아요' 버튼을 눌러 자기를 표현한다. 대표적인 것이 팔로잉·팔로워의 숫자다. 유명 연예인이 팬을 만들듯 노출 플랫폼에서의 이런 추종자를 얼마나 만드느냐가 관건이다. 추종자가 많을 때 여론을 만들 수 있다. 홍보자는 자신이 만들어 놓은 콘텐츠를 적극 홍보하는 사람이다. 콘텐츠를 퍼나르거나 적극적으로 공유한다. 자신의 책이 출간되었을 때 블로그, 페이스북, 인스타그램에 적극 포스팅해 준다. 구매자는 실제로 자신의 노출 콘텐츠를 구독하거나 사주는 사람이다. 노출된 콘텐츠를 직접 구매하는 사람은 많지 않다. 멘토는 노출된 콘텐츠에 대해 평가를 해주는 사람이다.

조직의 시대에는 학연, 지연, 혈연, 직연(직장, 군대 등)에 따라 인맥이 형성되었다면 개인의 시대에서는 불특정 다수의 사람들과 만나게 된다. 이제 노출 플랫폼을 가진 사람이 세상을 주도할 것이다. 세상은 어느 순간 플랫폼 천하가 되어가고 있다. 기업이 플랫폼에서 일하고 고객을 만나고 상품을 팔듯이 개인도 노출 플랫폼을 만들어 대중을 만들고 소통하고 돈을 벌어야 한다. 노출 플랫폼이 자기 정체성을 만들어 주며, 이런 정체성이 정치, 경제, 사회, 문화 전반에 걸쳐 영향력을 행사하며 개인의 패러다임을 바꿀 것이다.

개인의 시대에 노출 플랫폼은 생존의 필수품이다. 더 나은 삶과 행복한 삶을 이루기 위해서는 주어진 제도에 순응하기보다 노출 플랫폼을 구축하는 데 집중해야 한다. 개인의 시대에는 자신의 콘텐츠를 세상에 전달하는 사람만이 경쟁에서 살아남는다. 자신만의 영역으로 대중과 관계를 형성하고 노출 플랫폼을 만들어야 한다.

3장

개인의 시대에
생존을 위한 7가지 법칙

나만의 킬러 노출 콘텐츠를 만들어라

개인의 시대에는 스펙이 아닌 나만의 콘텐츠가 있어야 한다. 한 번은 중소기업을 하며 어느 정도 성공한 50대 초반의 사장과 술자리를 했다. 그는 수십 명의 직원을 거느리며 자긍심도 있었다. 그러던 그가 나에게 고민을 털어 놓았다. 믿었던 직원들에게 실망해 일에 대한 흥미를 잃었다고 했다. 또한 사회 환경이 변하면서 경영도 어렵다고 했다.

열정적이던 모습은 사라지고, 미래를 불안해하며 어떻게 하면 좋겠느냐고 내게 물었다. 나도 물었다. "당신이 지금까지 쌓아온 당신만의 노출 콘텐츠가 있습니까?" 그는 수십 년간 일 속에 살았지만 직원들을 돌보는데 모든 것을 보냈지 자신만의 노출 콘텐츠는 없다고 했다. 많이 후회하고 있었다. 대부분의 사람은 조직의 시대가 만들어 놓은 일 속에 빠져 바쁘게 시간을 보낸다. 그러다 40대 중후반에서 50대 초반이 되면 자신에게 아무것도 없다는 것을 알게 된다. 그리고 불안에 빠지고 허무함을 느낀다. 자신만의 노출 콘텐츠가 없기 때문이다. 자신만의 노출 콘텐츠가 없는 사람들은 나이가 들수록 열정이 사라지고 불안이 점점 더 커져간다. 더 나은 삶과 행복한 삶을 살기 위해서 이 세상에 무엇을 노출할 것인지 전략을 세워야 한다. 개인의 시대에는 일을 많이 한 사람보다 노출할 게 많은 사람이 성공한다. 특히 자신만의 킬러 노출 콘텐츠가 있어야 한다. 나만의 킬러 노출 콘텐츠가 있는가? 자신만의 노출 콘텐츠를 축적하고 있는가?

킬러 콘텐츠(killer contents)란 시장에 상당한 영향을 미치는 방송·만화·영화·애니메이션·캐릭터·게임 등의 콘텐츠를 말한다. 킬러 콘텐츠는 어떤 미디어가 폭발적으로 성장할 수 있도록 하는 핵심 콘텐츠다. 그러면 자신만의 킬러 노출 콘텐츠란 무엇인가? 자신의 이름으로 만들어 대중에게 어필할 수 있는 고유한 정체성이다. 킬러 노출 콘텐츠는 한 사람이 성장할 수 있도록 하는 핵심 콘텐츠다. 예를 들어 언론사의 킬러 콘텐츠는 '뉴스', 가수의 킬러 콘텐츠는 '노래'이다.

인터넷과 소셜미디어의 발전으로 누구나 콘텐츠를 만들고 노출하고 공유하는 시대다. 언론사, 방송사, 잡지사, 출판사 등이 없어도 자신만의 킬러 노출 콘텐츠가 있다면 자신의 정체성을 드러낼 수 있다. 실제 많은 사람이 이 정보화의 물결 속에서 자신을 노출하고 있다. 관건은 넘쳐나는 노출 콘텐츠의 홍수 속에서 어떻게 자신만의 킬러 노출 콘텐츠를 만들어 내는가다. 대중을 움직이는 노출의 관건은 단순한 일상, 스펙, 업적이 아니라 콘텐츠다. 효과적인 노출을 위한 원칙은 다음과 같다.

- 콘텐츠로 승부하라.
- 삶의 경험, 지식, 지혜를 담아라.
- 나만의 독특한 콘텐츠를 만들어라.
- 지속 가능한 콘텐츠를 위해 꾸준히 연마하라.

　세상은 빠른 속도로 변하는데 아직도 스펙과 업적 쌓기에 몰두하고 있는가. 스펙과 업적은 당신을 삭막한 삶으로 몰아간다. 세상은 외친다. '사람은 스펙과 업적보다 자신이 잘할 수 있는 노출 콘텐츠를 만드는 게 중요하다.'고 말이다. 이제 나만의 이야기, 나만의 노출 콘텐츠로 무장해야 한다. 다음 3가지를 가진 사람이 되어야 한다.

- 한 분야에 대한 실전과 이론
- 대중에 대한 관심, 노출 능력
- 독특한 노출 콘텐츠 생산 능력

　자신만의 킬러 노출 콘텐츠를 가진 사람은 세상이 만드는 1등이 아닌 내가 원하는 1등을 한다.

킬러 노출 콘텐츠 성공 사례를 살펴보자. 30대 초반 자신이 키운 회사를 대기업에 매각하면서 받은 금액으로 15년째 식당을 다니며 맛집을 평가하는 블로그 '비밀이야'를 운영하는 파워블로거 배동렬 씨가 있다. '비밀이야'에 올라온 콘텐츠는 음식을 좋아하는 사람들 사이에선 신뢰를 의미한다. 15년간 블로그에 올린 식당은 현지인만 아는 지방의 해장국 집부터 허름한 노포, 국내의 유명 파인다이닝을 비롯해 유럽과 일본의 식당까지 국내외를 망라한다. 인스타그램에 올린 그의 맛집 정보엔 평균 '좋아요' 수가 1000개를 넘는다.

그는 "블로그를 하며 처음엔 맛있는 음식을 먹는 게 즐거웠고, 시간이 지나면서 사라질 뻔 했던 음식점이 자신의 글로 잘돼서 성공할 때 흐뭇했다."고 한다. 한편 그는 국내에만 머물지 않고 해외로 시야를 넓혔다. 그는 "국내서 만족이 안 되는 데다 원래 여행을 좋아해 해외까지 찾아 다녔다."고 말한다. 그리고 지금까지 쌓은 콘텐츠를 바탕으로 전국의 해장국 맛집을 모은《전국해장음식열전》을 비롯해 스페인·이탈리아의 미쉐린 레스토랑 등 미식 여행기를 담은 책을 4권이나 냈다. 프랑스의 미쉐린 스타 레스토랑을 비롯해 파리의 쌀국수 맛집, 여행 정보 등을 담은《비밀이야의 맛있는 프랑스》도 발간했다. 책에는 그가 열네 번 프랑스를 오가며 직접 터득한 정보가 풍성하다.

그가 킬러 노출 콘텐츠를 만들 수 있었던 것은 체험을 통해서 음식 맛 분야에 대한 실전과 이론이 강한 전문가였기 때문이다. 그는 사람들에 대한 관심과 노출 능력이 뛰어났으며, 자신만의 독특한 노출 콘텐츠를 생산하는 능력이 있었다. 그는 특정 조직에 속하지 않고 오직 자신이 좋아하는 일에 몰입했다. 그리고 끝없는 연마로 노출 콘텐츠를 만들어 냈다.

노출자가 성공적인 킬러 노출 콘텐츠를 만들기 위해서는 독특한 시각이 있어야 한다. 다른 시각으로 사물과 현상을 보고 체험을 통해 스토리를 만들고 그 안에 있는 중요한 내용이나 스토리를 통해서 얻을 수 있는 깨달음이 있어야 한다. 또한 노출자는 남들이 보지 못하는 부분을 보아야 한다. 같은 내용을 보더라도 자신만의 느낌과 생각을 가져야 한다. 한편 노출 콘텐츠를 지속적으로 이끌어 가기 위해서는 대중을 유혹할 수 있어야 한다. 이때 상업적인 유혹에 빠지거나 신뢰를 저버리는 콘텐츠는 경계한다.

개인의 시대에는 노출 콘텐츠가 있어야 실력 있는 사람이다. 아무리 학식이 높고 스펙이 좋아도 자기만의 콘텐츠가 없다면 실력이 없는 것이다. 노출 콘텐츠 쌓기를 생활화해야 한다. 어떻게 해야 할까?

첫째, 내 자산을 콘텐츠로 만들어라. 자산이란 내가 좋아하고 잘할 수 있는 일이다. 자신의 정체성이라고 해도 된다. 내가 존재하는 이유라고 해도 된다. 내가 하는 일을 노출 콘텐츠로 쌓는 것이다.

둘째, 취미를 콘텐츠로 만들어라. 만약 사람들이 일만 한다면 스트레스에 묻혀 허우적거릴 것이다. 스트레스를 풀어주는 게 취미다. 그 취미 활동을 기록하면 하나의 콘텐츠가 된다. 앞에서 소개한 배동렬 파워블로거가 대표적인 사례다. 음식 맛을 즐기는 취미가 기록이 되어 그 업계에서 신뢰받는 음식 맛 전문가가 된 것이다.

마지막으로 다른 킬러 노출 콘텐츠를 쌓는 대중과 함께하라. 분야가 달라도 상관없다. 다른 이들의 킬러 노출 콘텐츠에서 영감을 얻을 수 있다. 대중과 공감하는 노출 콘텐츠를 쌓아라. 공감하기 위해서는 대중 속으로 들어가 대중을 파악해야 한다. 대중이 무엇을 원하는지 알아야 한다. 대중이 원하는 것을 노출할 때 추종 세력이 생긴다. 대중에게서 아이디어를 얻어라. 아이디어를 얻기 위해서는 교감해야 한다. 교감을 하기 위해서는 대중이 되어봐야 한다. 대중을 흉내내보기도 해라. 그래야 새로운 영감을 얻어 콘텐츠를 쌓아갈 수 있다.

02

와서 머물게 하라

시골에 가면 마을회관이 있다. 외롭고 허전한 어르신들을 위해 마을회관은 따뜻한 공간, 술과 안주거리 그리고 이야깃거리를 제공한다. 마을회관에는 항상 먹을 것과 재미가 넘쳐난다. 이 곳에서 사람들은 서로 정보를 노출하면서 새로운 정보를 얻기도 한다. 어르신들은 이곳에서 자신의 이야기를 스스럼없이 한다. 마을회관에 사람들이 모여서 마을 이야기, 세상 돌아가는 이야기도 나누며 작은 공동체를 이어간다. 마을회관이 어르신들의 노출 공간이 된 것이다.

자연스러운 노출이 되기 위해서는 대중이 와서 머물 수 있는 자신만의 공간이 있어야 한다. 그래야 노출의 고수다. 아무리 노출을 많이 해도 대중이 와서 머물 수 없다면 한계가 있다. 어떻게 하면 효과적으로 자신을 노출할 수 있을까? 개인의 시대에는 사람과 사람 사이를 연결하는 경계점에서 많은 일자리가 만들어지고 사람들이 모인다. 그리고 이 사이에 어떻게 자신을 노출하느냐에 따라 새로운 직업이 창출된다.

대중이 와서 머물 수 있게 하기 위해서는 첫째, 플랫폼 관점의 노출 공간이어야 한다. 노출 공간은 놀이터처럼 대중이 와서 머무는 곳이다. 그런데 왜 플랫폼 관점일까? 플랫폼의 사전적 의미는 '역에서 승객이 열차를 타고 내리기 쉽도록 철로 옆으로 지면보다 높여서 설치해 놓은 평평한 장소'다. 그러나 오늘날에는 의미가 확대되어 사용되고 있다. 플랫폼이 승객과 기차를 연결해 주듯이, 비즈니스에서의 플랫폼은 기업과 사람, 사람과 사람을 연결해 준다.

다시 말해 플랫폼은 다양한 비즈니스 주체를 연결해주는 인터페이스이면서 거래가 이루어지는 마당이다. 우리 사회는 플랫폼이 자리를 잡았다. 그러면 플랫폼 관점의 노출 공간은 무엇인가. 노출 플랫폼은 자신을 노출하고, 대중을 만나고 소통하고, 재미난 일을 하고, 체험하며 깨닫게 하는 공간이다. 조직의 시대에서는 대중에게 노출할 기회를 갖지 못했다. 플랫폼이 등장하면서 어느 누구나 자신을 노출할 수 있게 되었다. 이런 노출 플랫폼은 개인의 삶에 큰 비중을 차지하면서 사회 전반에 걸쳐 패러다임을 바꾸고 있다.

노출 플랫폼은 자신을 재정의하는 그 무엇이다. 그리고 1인 산업을 창조해 나갈 수 있는 기회를 만들어 준다. 개인의 시대는 어떤 체제나 다른 사람을 의식하며 위축되어 자신을 숨기며 살아가는 사회가 아니다. 자신의 정체성을 가지고 당당하게 대중에게 노출하여 새로운 것을 창조한다. 노출 플랫폼은 기존 틀이나 지식이 창조로 나아가기 위한 기본 구조, 노출을 통해 자동 반사적 행동으로 나타날 수 있어야 한다.

노출 플랫폼을 만들지 못하고 조직의 시대 체제에 안주하면, 승자가 될 수 없다. 기존 체제가 던져주는 열매만 먹기 때문에 성장하는 데 한계가 있다. 의미도 찾을 수 없다. 그러면 노출 플랫폼을 어떻게 해야 하는가. 노출 플랫폼은 먼 옛날 할머니 품과 같다. 추운 겨울일수록 아이들은 할머니를 찾았다. 할머니는 항상 아이들에게 군고구마 등 맛있는 먹을거리를 주고 흥미진진한 옛날 이야기를 해주었기 때문이다. 이처럼 노출 플랫폼에는 흥미진진한 이야깃거리가 넘치고 흥분이 있어야 한다. 스트레스를 해소할 수 있고, 새로운 정보, 깨달음, 아쉬움, 희망, 만남, 영감 등이 있어야 한다.

노출 플랫폼 전략은 생태계를 구축하고 거기에서 대중이 머물 수 있도록 하는데 초점을 두어야 한다. 단순한 노출로 대중을 머물게 하기보다 플랫폼을 기반해 다양하게 머무는 곳을 만들어야 더 강력하게 대중을 지배할 수 있다. 대중은 유목민이다. 머물게 하는 자가 세상을 주도한다. 노출 플랫폼은 시선이 머무는 곳, 미소가 머무는 곳, 바람이 머무는 곳, 아름다움이 머무는 곳을 만드는 곳이다. 노출 플랫폼은 대중이 와서 머무는 공간을 창조하는 곳이다.

둘째, 사이경영 개념을 도입하라. 사이란 인간과 인간, 인간과 사물, 사물과 사물에 존재하는 '사이' 또는 '틈'을 말한다. 개인의 시대에는 이 사이(틈)에서 많은 일거리가 창출될 것이다. 이 틈새에서 새로운 것을 창출하는 자가 강자다. 사이경영은 이런 사이(틈)을 줄여 인간에게 편익을 제공하고, 시간이나 비용의 손실을 줄여준다.

대중이 와서 머물게 하기 위해서는 사람과 사람 사이의 틈새 관리를 잘해야 한다. 이 틈새에서 많은 창조거리가 생긴다. 개인의 시대는 경계가 무너진다. 사람과 사람간, 사람과 사물간, 기술과 기술간, 기업과 기업간, 국가와 국가간의 경계가 없어질 것이다. 경계가 무너지는 사회는 '노출'의 능력이 중요해진다. 개인의 시대에는 기존 이론으로는 해결할 수 없는 것들이 많다. 스펙이 좋은 사람, 간판이 좋은 직장을 가진 사람이 이기는 운동장이 아니다. 열정, 순발력, 창조력, 문제 선점력 등에 강한 사람이 이긴다. 이기기 위해서는 틈새를 이용한 노출에 강해야 한다.

사회에는 두 종류의 사람들이 일한다. 하나는 직장인이고, 다른 하나는 직업인이다. 직장인은 타인의 생각을 쫓고, 타인의 시간을 위해서 일한다. 다시 말해 월급 받는 만큼 일하고, 더 나은 조건이 오면 미련 없이 떠난다. 직업인은 자신의 생각을 쫓고, 자신의 시간을 창출해 일한다. 사회가 제공하는 조건이 아닌 일 자체가 즐겁기 때문에 일한다. 조직의 시대가 직장인을 만들었다면,

개인의 시대는 직업인을 만든다. 사회가 성장하느냐의 여부는 직장인이 많으냐 직업인이 많으냐에 달려있다. 직장인이 많은 사회는 희망이 없다.

셋째, 가치를 연결하라. 가치는 편익들의 묶음이다. 가치는 무언가 했을 때 얻을 수 있는 혜택, 이익, 편익 등이다. 대중을 움직이는 것은 결국 가치이다. 가치를 어떻게 공유할 것인가가 관건이다. 대중은 이론으로 움직이지 않는다. 마음을 움직여야 움직인다. 대중의 마음을 읽어 상황을 판단하고 공감할 수 있는 가치를 제공해라.

노출 플랫폼은 대중을 위하여 어떻게 가치를 창출하고 연결할지 그 방법을 모아 놓은 곳이다. "불필요한 곳에 돈을 쓰는 것보다 가치 없는 사람에게 마음을 쓰는 것과 가치 없는 일에 시간을 쓰는 것이 더 아깝다."라는 말이 있다. 대중은 각자의 위치에서 자신들의 목표를 가지고 노력하며 살고 있다. 만약 가치 없는 노출이라면 대중은 외면한다. 노출이 대중의 목표와 가치를 결합하면 노출 플랫폼이 된다. 와서 모이는 공간이 된다.

명동에는 행사 장소를 대여해 주는 '베뉴이안'이라는 업체가 있다. 이곳은 팬 미팅, 프러포즈, 이벤트, 웨딩, 약혼식, 돌잔치, 파티, 동창회 등이 필요한 사람에게 장소를 빌려준다. 행사 기획에서부터 준비, 진행 과정을 도와준다. 물론 행사에 필요한 음향기기, 빔프로젝트, 노래방 기기 등 장비뿐 아니라 음식, 다과, 술 등도 제공한다. 행사 진행을 위해 사회자, 연주자, 요리사 등도 필요하면 도와준다. 그러나 이 업체는 이런 모든 종류의 기기나 인력을 갖추고 있지는 않다. 요리를 할 수 있는 주방도 없다. 직원도 몇 명 없다. 행사 기획을 하는 총괄 매니저 외 마케팅 등 최소 인원만 있다. 공간을 대여하면서 다양한 이야깃거리를 만들어 낼 뿐이다. 행사가 필요한 사람들에게 그들이 필요한 가치를 제공할 뿐이다.

어떻게 이렇게 할 수 있을까? 필요한 업체와 인력을 아웃소싱한다. 음식은 전문 음식점을 이용해 행사 특성에 맞게 필요한 만큼만 조달한다. 행사 장비는 장비 렌탈 업체를 통해 구한다. 사회자 등 인력이 필요하면 인력 제공 업체를 통해서 소개받는다. 당연히 가격 경쟁력이 좋다. 선택과 집중을 통해 필요한 것만 갖추고 상황에 따라 필요한 것을 아웃소싱 하기 때문이다. 대신 행사의 본질인 질을 올린다. 사람들이 와서 머물면서 즐기고 의미 있는 시간을 보낼 수 있도록 최적화한 것이다. 큰 비용을 들이지 않고 사업하고 있는 사례다. 노출 기반의 플랫폼을 만들었기 때문이다. 다시 말해 행사를 치르기 위해 필요한 것들을 모두 갖추고 있는 것이 아니라 사람을 모이게 해서 수익을 만든 것이다.

노출하는 사람이 세상을 이끌어가는 시대다. 세상에는 자신이 직접 만들지 않아도 소유하거나 활용할 수 있는 것들이 널려 있다. 노출 세계에서 대중을 모아 이들의 힘을 어떻게 활용하느냐에 따라 승자가 된다. 대중은 항상 유랑한다. 이런 대중을 불러들이고 머물게 하는 자가 세상을 주도한다.

사람을 연결하라

일본 〈니혼게이자이〉 신문은 인터넷에서 일감을 구해 출근하지 않고 재택근무 형태로 일하는 클라우드 워커(Cloud Worker)가 400만 명에 육박한다고 추산했다(2017년 기준). 2020년에는 1000만 명에 이를 거라는 추산도 나왔다. 한편 플랫폼 비즈니스가 우리 사회에 깊숙이 퍼지면서 많은 사람이 비정규직 프리랜서로 활동하는 긱 이코노미 시대로 들어서고 있다.

클라우드 워커란 익명의 고용 없는 개인사업자이다. 사물인터넷(IoT), 클라우드, 빅데이터, 모바일 등 다양한 클라우드 서비스를 활용해 시간과 장소에 구애 받지 않고 업무를 보는 사람을 지칭한다. 이들은 특정 기업이나 조직에 속하지 않고, 자신의 기술과 능력을 이용해 독립적인 개인 사업을 하는 이들이다. 이런 익

명의 고용 없는 개인 사업자들은 플랫폼 상에서 생존하고 성장하기 위해서 치열한 경쟁을 하게 된다.

개인의 시대에 생존하고 성장하기 위해 효과적인 자기 노출을 어떻게 해야 할까. 답은 사람과의 연결이다. 이제 단순히 자신의 역량만 가지고 경쟁에서 승리하는 시대는 지났다. 누군가와 연결되어 성장해야 생존한다.

《연결지능》의 저자 에리카 다완(Erica Dhawan)은 다양한 지식과 경험, 의욕, 인적자원 등을 결합해 연결성을 구축하여 새로운 가치와 의미를 창출하는 재능인 '연결지능'이 필요한 시대라고 이야기한다. 일반적으로 한 개인의 성공은 지능과 열정, 행운의 결과물이다. 그러나 오늘과 같은 초연결(Hyper-connectivity)사회에서는 이것만으로 부족하다. 많은 사람을 잘 연결해서 어떻게 활용하느냐가 중요하다. 연결은 추종자들을 모으고, 혁신을 불러일으키고, 전략을 개발하고 해법을 실행하며 문제를 신속하고 효과적으로 그리고 창조적으로 해결해주기 때문이다. 어떻게 하면 초연결 사회에서 사람을 연결할 수 있나?

첫째, 연결의 대가(돈)를 지불하라. 사람들이 일하는 것은 기본적으로 먹고살기 위해서다. 직장은 사람을 연결하는 장소다. 대부분의 사람들은 직장에 출근해 일한다. 그리고 월급을 받는다. 지금도 많은 사람은 돈을 벌기 위해 직장을 찾는다. 직장에 들어가기 위해 시험을 보고, 입사원서를 넣고, 면접을 본다. 번듯한 직장에 들어가기 위해 대학에 들어가고 공부를 하고 자격증도 딴다.

직장은 돈을 주는 자와 받는 자의 관계로 연결되어 있다. 만약 당신이 사람을 연결하려 한다면 직원을 고용해 월급을 주면 된다. 그러나 그 비용을 어떻게 감당할 수 있겠나? 쉬운 일은 아니다.

조직의 시대에서 사람을 연결하는 것은 돈과의 관계로 형성되었다. 한 사람의 인생은 그 사람이 어떤 직장을 가지고 있느냐에 따라서 결정되었다. 대기업 등 좋은 직장을 가진 사람은 나름대로 자존감도 있다. 금전적으로 어느 정도 우위에 있다. 성공 사다리도 남들보다 먼저 올라갈 수 있다. 좋은 사람들과 연결되어 있기 때문에 기회도 많았다. 좋은 대학과 직장에 들어가려는 이유는 더 좋은 사람들과 연결되고 싶어서다. 지금까지는 이런 조직이 사람들을 연결시켜 주었다. 그 조건에 들지 못한 사람은 어떻게 되었는가? 그리고 그 제도 내에서 중도에 탈락한 사람들은? 올라갈 수 있는 사다리를 갖지 못한 사람들은? 우리는 직장을 통해서 수많은 사람들과 연결되어 생활한다. 그리고 자신을 노출한다. 그러나 조직의 시대에 직장이라는 체제하에 돈으로 연결된 것만으로는 한계를 뛰어넘을 수 없다는 것을 알아야 한다.

둘째, 그들이 원하는 역할과 지위를 줘라. 특히 지위를 줘라. 인간은 지위가 중요한 동물이다. 팀장, 사업부장, 본부장, 대표, CEO, CIO, 센터장, 원장, 실장, 감독, 편집장, 위원장, 지휘자 등 지위가 자신의 정체성이자 자존감이라고 생각한다. 조직의 시대에서는 이런 지위에 오르기가 어려웠다. 인맥과 실력이 상당해야 한다. 그리고 관련 분야에서 성과가 있어야 했다. 이런 지위를 얼을 수 있는 사람은 제한적일 수밖에 없다. 그러나 이런 지위를 줄 수 있는 자기만의 분야를 만들고 그에 해당하는 지위를 만들어서 대중에게 부여한다면 사람들이 모인다. 지위 부여가 사람을 연결하는 수단으로 활용되는 것이다.

셋째, 경험할 수 있는 기회를 줘라. 세상에는 경험을 필요로 하는 사람들이 많다. 특히 대학을 졸업한 젊은이들이 그렇다. 이들에게 경험의 기회를 주는 것이 사람을 연결하는 좋은 방법이다. 조직의 시대에 경험을 쌓기 위해서는 해당 직장에 인턴이나 신입사원으로 들어가야 했다. 실제 경험이 없는 사람은 자신이 어느 분야에 역량이 있는지 알 수 없다. 또한 경험을 쌓아야 더 좋은 곳으로 갈 수 있다. 사람을 연결하고 싶은가? 그러면 경험을 쌓을 수 있는 분야를 만들어 대중에게 기회를 줘라. 그러면 사람들이 모인다. 사람들이 연결된다.

넷째, 노출의 기회를 줘라. 노출은 숨겨진 자신을 세상에 보여주는 것이다. 사람들은 누구나 자신의 역량을 세상에 드러내어 인정받고 싶어 한다. 따라서 어떤 형태이든 세상에 노출할 수 있는 기회를 주면 사람들이 모인다. 기존 제도에서는 자신을 노출하기가 쉽지 않다. 예를 들어 그림을 아무리 잘 그려도 미술계라는 기득권에 들어가지 않으면 노출하기가 어려웠다. 미술 전시회에 나갈 수도 없다. 그런데 누군가 자신의 작품을 노출할 수 있는 공간을 준다면 사람이 모인다. 사이버 공간이 됐든 오프라인 공간이 됐든 노출할 수 있는 공간을 주라. 돈이 들지 않는 방법으로 말이다.

마지막으로 어워드(상)을 만들어 줘라. 자신의 노출 분야에서 최고의 어워드 제도를 만들어 시상해라. 정부나 각종 단체들은 해마다 수많은 상을 만들어 일정한 자격을 가진 사람에게 준다. 노벨상, 영화제상, 과학상, 기술상, 체육상, 효자상, 서비스상 등 수많은 어워드가 있다. 사람들은 이런 어워드를 받기 위해 노력한다. 사람을 연결하기 위한 도구 중에 하나가 어워드를 시상하는 것이다. 자신의 노출 분야를 대변하는 어워드를 제정하고 시상하라.

A인터넷 신문사가 있다. 그 신문사는 발행인 1인 신문사다. 그러나 기자가 100여 명 된다. 물론 기자들은 재능기부 형태로 기사를 써서 신문을 만들어 간다. 발행인은 기자들에게 월급을 주지 않고 신문사를 운영한다. 어떻게 이런 일이 가능할까? 그 신문사에서 활동하는 기자들은 기자 경험이 없는 사람들이다. 기사 쓰는 방법을 배워가면서 기사를 쓰고 신문을 만들어 간다.

발행인은 활동하는 기자들에게 편집국장, 취재부장, 종합뉴스부장, 인재개발원장, 논설위원, 기획실장, 논설실장, 전문위원, 기자회장 등 지위를 주어서 동기부여를 해준다. 기존 체제에서는 도저히 받을 수 없는 지위다. 이들은 이런 활동을 하고 당당하게 자신의 프로파일에 이렇게 부여 받은 지위를 올린다. 발행인은 지위 부여를 통해 사람을 연결하고 신문을 발행한다.

또한 A신문사는 기사, 칼럼 등을 원하는 누구든지 쓸 수 있게 해 자신을 세상에 노출하는 기회를 만들어 준다. 자신의 경험 분야를 살려 기사나 칼럼을 통해서 자신을 노출할 수 있도록 플랫폼을 제공한다. 여기서 활동하는 사람들은 전문기자는 아니지만 식품, 건설, IT, 공공, 서비스, 주부, 학생 등 다양한 분야에서 종사하는 사람들이다. 이렇게 세상에 노출을 통해 또 다른 자기 개발로 이어지고 인지도를 높여간다.

한편 대학생, 취업 준비생 등에게는 신문사에서 기자의 경험을 쌓게 해준다. 글을 쓰는 경험도 갖게 해준다. 경력증명서도 발급해 취업하는 데 도움을 준다. 활동에 따라 각종 어워드를 제정해 주기적으로 시상도 한다. 물론 월급은 없다. 단지 사람을 연결해 줄 뿐이다. 서로가 필요에 의해서 움직인다. 발행인은 자신이 꿈꾸는 영역에서 신문사를 운영해 신문을 발행해서 좋다. 재능기부로 모인 기자들은 자신을 노출하고 경험을 쌓을 수 있어 좋다. 이런 과정을 통해 많은 사람과 연결되는 것도 그들에게 이익이 된다. 최소의 비용으로 1인 신문사를 운영할 수 있는 것은 가용 가능한 사람을 연결해 주는 노출 플랫폼 덕분이다.

전 세계에 흩어져 있는 인력을 돈 한 푼 들이지 않고 고용할 수 있는 시대다. 그렇게 할 수 있는 것은 '연결'에 있다. 초연결 디지털 시대는 한 사람의 힘이 더 강력해진다. 그런 사람과 연결하라. 한 사람이 하나의 산업을 만들어 가는 개인의 영향력이 커지는 사회다. 개인이 소비자인 동시에 생산자다. 한 사람이 가진 힘을 존중하며 그 사람을 노출의 파트너로 활용해 더욱 창의적이고 적극적인 연결을 만들어가라.

남을 잘 되게 하라

성공한 삶을 살려면 사람들이 좋아하는 사람이 되어야 한다. 미국의 링컨 대통령은 "행복하려거든 남을 행복하게 하라. 남을 행복하게 해 준 만큼 행복하게 된다."라고 말했다. 내가 남을 잘 되게 해주면 그로 인하여 많은 사람이 나를 좋아하게 된다는 얘기다. '사촌이 땅을 사면 배가 아프다.'는 속담이 있다. 사실 남이 잘 되는 것을 좋아할 사람은 그리 많지 않다. 인간 내면의 속성이다.

그러나 개인의 시대에서는 다르다. 대중에게 자신을 노출하는 것은 남을 잘 되게 하는 것에서 출발한다. 노출의 고수가 되기 위해서는 남을 잘 되게 하는 습성을 가져야 한다. 어떻게 하면 남을 잘 되게 할 수 있을까.

첫째, 기존에 맺었던 가족을 뺀 모든 사람들과 인연을 끊어라.

그들은 이미 당신에 대해서 많은 것을 알고 있다. 그래서 편견을 가질 수 있다. 당신의 장점보다는 단점에 대해서 더 많이 알고 있을 것이다. 삶의 과정에서 사람들은 실수덩어리이자 모순덩어리다. 한 순간의 감정을 조절하지 못해 실수하기도 한다. 또한 젊은 시절에는 미성숙해서 다른 사람에게 상처를 주기도 한다.

개인의 시대에 노출의 고수가 되기 위해서는 과거를 잊어라. 당신의 과거는 상처투성이다. 치열한 경쟁에서 살아남기 위해 많은 사람에게 상처를 주었다. 당신의 과거는 지금까지 당신이 만나왔던 사람만이 알고 있다. 새롭게 나아가려면 이 사람들과 연을 끊고 새롭게 출발해야 한다. 조직의 시대에 연을 맺은 사람들은 이제 당신에게 도움이 되지 않는다. 조직의 시대에 당신이 아는 사람들과의 만남은 이제 의미 없다. 당신의 노출을 머뭇거리게 하고 방해만 할 뿐이다. 지금 이 책을 읽는 순간부터 인연을 끊어라. 기존에 맺었던 학교 친구, 군대 친구, 직장 동료, 사회 친구가 누구인지 리스트를 하고, 바로 머리와 마음속에서 없애라. 그래야 과감하게 자신을 노출할 수 있다.

둘째, 남을 배려하는 마음을 가져야 한다. 경쟁사회에서는 남을 배려하기가 어렵다. 특히 배려의 사전적 의미는 '여러 가지로 마음을 써서 보살피고 도와줌', '관심을 가지고 도와주거나 마음을 써서 보살펴 주다'라고 되어 있다. 세상은 자기 마음대로 살 수 없다. 살아가면서 '내 삶은 왜 이렇게 꼬일까?' 하는 일이 좀처럼 풀리지 않은 경험을 했을 것이다. 삶이 술술 풀리지 않고 고통스

러울 때가 있다. 능력도 있고 열심히 한다고 하는데 잘 되지 않는 경우가 많다.

이런 경우 당신은 어떻게 하는가. 한번쯤은 자신이 다른 사람들을 배려하는지 되돌아봐야 한다. 사회심리학자 에리히 프롬(Erich Pinchas Fromm)은 "인간 사회에서 실패한 자, 이기주의자들의 공통점은 모든 것을 비난하고 비판하는 것이다. 다른 사람들에 대한 인격의 배려도 없고, 이해도 없고, 교만하다."라고 말했다. 배려심의 부족이 삶을 꼬이게 한다. 배려는 꼬여 있는 삶을 술술 풀어준다. 배려는 다른 사람에게 어떤 도움을 줄지 생각한다. 내가 하는 행동이 다른 사람에게 피해를 주지 않는지, 상처를 주지 않는지를 살핀다.

노출의 세계도 배려가 필요하다. 노출의 고수는 다른 사람의 노출을 최대한 배려한다. SNS 기술의 발달로 사람들은 언제 어디서든 자신의 모든 것을 노출할 수 있다. 그러나 현실은 남을 배려한 노출이 아니라 남을 비방하거나 거짓말하고 상처를 주는 노출로 넘쳐난다. 심각한 사회문제를 불러오기도 한다. 이런 노출은 오래가지 못한다.

셋째, 상생(Win-Win)의 정신이다. 그릇된 사회는 치열한 경쟁으로 삶을 제로섬 게임(zero-sum game)으로 몰아가려 한다. 다른 사람이 죽어야 내가 산다고 믿는다. 제로섬 게임은 바람직한 해법이 아니다. 상생은 다른 사람과 나누면 자신의 것이 줄어드는 것이 아니라, 시너지 효과로 자신과 다른 사람의 것이 서로 커지게 한다. 세상은 혼자서 어떤 결과를 만들어내기 어렵다. 그렇다고 여러 사람이 다 좋은 결과를 만들어내는 것도 쉬운 일은 아니다.

우리 조상은 '두레'라는 문화가 있었다. 두레는 농번기나 기타 마을에서 노동이 필요한 일에 주민들이 함께 작업하던 공동체이다. 농사일이 바쁠 때 서로 힘을 모아 일하는 농경문화의 작업 방식이다. 농업용수를 대기 위해 수로를 내는 일, 수재에 대비해 방축을 쌓는 일, 길을 넓히고 고치는 일, 모내기, 벼베기, 지붕갈이 등 일을 서로 도왔다. 그렇게 해서 즐거움도 찾고 힘든 일도 쉽게 했다. 이처럼 혼자 할 수 없는 일을 마을 사람들이 함께해 생산성을 높였다.

노출도 두레와 같다. 혼자서 노출하는 데는 한계가 있다. 노출은 형식보다 '상생'을 필요로 한다. 예를 들어 페이스북은 한 사람이 가질 수 있는 친구 수가 5천 명이다. 페이스북에서 혼자 노출한다면 최대 5천 명까지 노출할 수 있다. 그러나 5천 명을 가진 누군가가 노출을 거든다면 1만 명까지 노출할 수 있다. 5천 명을 가진 페이스북 친구 1백 명이 거들어 주면 50만 명에게 노출된다. 노출의 고수는 목표가 분명하다. 목표가 분명한 사람이 노출을 잘하고 남을 노출하게 해준다. 노출의 세계에서 각자 내 몫만 노출하면 상생이 아니라 상극이 된다.

마지막으로 '좋아요'를 사랑하라. 남이 하기 전에 내가 먼저 눌러라. 많은 사람이 페이스북, 트위터, 인스타그램, 블로그 등 SNS를 하면서 자신을 노출하고 있다. SNS에는 '좋아요'가 있다. 노출된 콘텐츠를 보고 반응하는 것이다. '좋아요' 수는 SNS 상의 인기를 대변하는 척도다. '좋아요'는 SNS 상의 친구들에게 해당 콘텐츠의 노출 빈도를 높여 준다.

다른 사람의 관심을 끌고 사랑받고 싶은 것은 인간의 기본 욕구다. '좋아요'가 이런 인간의 심리를 대변한다. 이제 '좋아요'는 세상에서 자신의 존재를 새롭게 확인시켜주는 도구가 되었다. 그래서 사람들은 '좋아요'를 받기 위해서 노력한다. 나도 '좋아요'를 받으면 기분이 좋아진다. 자신이 먼저 다른 사람의 콘텐츠에 '좋아요'를 눌러 줄 때 자신의 콘텐츠에 '좋아요' 숫자가 늘어난다.

경기도 시흥에서 '나움'이라는 카페를 운영하는 이정숙 대표가 있다. 이 대표는 상담심리학과 코칭심리학을 공부했다. 사람의 감정을 발견하는 일에 관심이 많다. 이런 마음을 기반으로 '나움'은 노출을 통해 남을 잘되게 하는 일을 한다. 우선 나움은 카페다. 갓 볶은 원두커피와 직접 우려낸 차를 판매한다. 좋은 재료로 직접 만드는 과일청과 시럽은 건강을 생각하는 마음을 담았다고 한다.

또한 나움은 상담센터이다. 청소년 진로, 학습 코칭 프로그램을 개발하고 전문가를 양성했던 10여 년 경력이 있는 청소년 상담가가 코칭과 상담을 진행한다. 이곳에서는 성격, 인성, 지능, 진로 심리검사도 해준다. 한편으로 나움은 배우고 나누는 학습공간이다. 원데이클레스를 통해 재능을 나누고 '엄마의 서재'를 통해 생각을 나눈다. 평생교육프로그램 개발에 관심이 있는 이 대표는 이 공간에서 멋진 일들이 생겨날 것이라고 확신한다.

한편으로 나움은 복합문화공간이다. 2019년부터는 작은 공연도 한다. 이 대표는 나움을 전시와 공연이 가능한 공간이 되도록 준비하고 있다. 나움은 다른 사람을 잘되게 하는 공간으로 탄생하고 있다. 단순히 차와 커피를 파는 곳이 아니라 고민하는 청소년들, 엄마들의 사랑방이 되고 있다. 이 대표는 자기가 하고 싶고 좋아하는 것을 평생 할 수 있는 직업으로 변환해 자신을 노출하고 있다. 노출을 통해 사람을 모으고 있다.

"이 세상에서 극락을 경험하려면 길이 좁은 곳에선 한 걸음 멈추어 남을 먼저 가게 하고, 좋은 일에는 제 몫을 줄여 남을 잘되게 하라."《채근담》에 나오는 얘기다. 노출의 고수가 되고 싶은가. 그러면 남을 잘 되게 하는 일에 우선 집중하라. 좋은 일에는 자기 몫을 줄여 다른 사람에게 줄 수 있는 큰 그릇이 되어야 한다. 자신이 먼저 다가가고, 먼저 손을 내밀어 반응을 보여라. SNS에서 '좋아요'를 먼저 눌러라. 자신이 먼저 수고해야 대중에게 노출이 잘 된다.

SNS 바다에 빠져라

행운은 두 군데서 온다고 한다. 하나는 신으로부터 오고, 다른 하나는 사람으로부터 온다. 행운은 예기치 않은 순간에 예기치 않은 방법으로 우리를 찾아온다. 신으로부터 오는 것은 강한 믿음의 산물로 우리가 조절할 수 없는 영역이다. 그러나 인간관계로부터 오는 행운은 조절할 수 있다. 카네기 멜론대의 연구에 의하면 한 사람의 성공 요인은 좋은 인간관계가 85%, 기술과 능력이 15%라고 한다. 성공하기 위해서는 사람의 능력보다 좋은 인간관계가 더 중요하다는 얘기다.

사람은 사회적 존재로서 사회 속의 많은 이해관계 집단이나 조직과의 상호관계를 통하여 생활한다. 즉 사람은 태어나면서부터 처음에는 가족이라는 하나의 작은 집단에서 시작하여 점차로 그

활동 범위를 넓혀가면서 생활한다. 그리고 이러한 사회생활의 변화 속에서 다양한 형태의 인간관계를 형성한다. 이러한 인간관계를 형성하게 되는 주요 목적은 조직구성원 상호간의 협력관계를 촉진하고 조직질서의 유지발전을 통하여 조직의 목표 달성과 개인의 욕구 충족을 이룩하는 것이다.

심리학자 키스 데이비스(Keith Davis)는 인간관계를 "조직의 구성원으로 하여금 팀워크를 이루어 개인의 욕구와 조직의 목표를 효과적으로 달성할 수 있도록 동기를 부여하는 것이다."라고 이야기한다. 여기서 인간관계는 조직의 협동체계를 통한 목표달성 및 구성원의 동기부여의 실천에 주요 목적이 있다. 따라서 인간관계는 조직구성원의 단순한 연고관계나 친밀관계, 상사와 부하간의 주종관계 등과 같은 개별적인 인간관계와 구분하여 이해해야 한다는 의미를 담고 있다.

하지만 SNS 등 새로운 기술의 출현으로 인간관계의 개념이 휴먼네트워크(Human-Network)에서 소셜네트워크(Social-Network)로 바뀌고 있다. 물론 두 개념의 근간은 '사람'이지만 소셜네트워크는 사회적 존재(Social Being)에 방점을 두고 있다. 휴먼네트워크는 나 혼자만 잘해도 되었다. 다시 말해 타고난 유물(혈연, 지연, 학연 등)이 어떤 운명적 관계 속에 '나'를 존재화시켰다. 그러나 사회적 존재란 사람은 단일 존재가 아닌 사회적 관계 속에의 복합적 의미의 존재다. 즉, SNS시대에는 내가 고시를 패스하고, 지위 높은 법관이나 사업체를 경영해 돈 잘 버는 사장이 되는 것이 중요한

게 아니라 자기 주변의 어떤 사람들과 관계를 맺고 있느냐가 중요하다는 것이다.

그러면 SNS란 무엇인가? SNS는 대중과의 인맥 관계를 강화시키고 또 새로운 인맥을 쌓으며 폭넓은 사회적 네트워크(사회적 존재: Social Being)를 형성할 수 있도록 해주는 서비스다. 기존의 카페나 커뮤니티가 제한된 사람에 의해서 폐쇄적이고 특정 분야에 한정된 서비스를 공유한다면 SNS는 '나 자신'이 주체가 되어 관심사와 개성을 공유한다. 현재 SNS는 친목 도모, 엔터테인먼트의 용도를 넘어 1인 미디어, 마케팅, PR, 정보공유 등 다양한 목적으로 활용되고 있다. 또한 SNS는 사적 영역과 공적 영역의 경계를 무너뜨리고, 말과 글의 차이를 지우며, 의견과 사람을 구별하지 못하게 만들기도 한다.

세상은 SNS바다로 출렁이고 있다. 왜 SNS바다에 빠져야 하는가. 우선 SNS는 전 세계 사람들과 교류할 수 있는 문(門)이다. 자신을 노출할 수 있는 분출구이다. 자신을 세상에 알릴 수 있는 창(窓)이다. 자신을 노출하는 데 어떤 제약이 없고 돈이 들지 않는다. 바로 SNS는 자신이 주인공이 되는 무대다. SNS바다에 들어가지 않으면 자신의 존재를 알리기 어려운 세상이 되었다. 좋든 싫든 이제 SNS바다에 자신을 노출해야 한다. 그렇지 않으면 '존재'하기 어렵다. 경쟁에서 살아남기도 어렵다. 사람은 사회활동 없이 존재할 수 없다. 그 활동 공간이 SNS바다가 된 것이다. SNS 바다에 빠져야 사람들과 만나고, 세상의 흐름을 읽고 새로운 것을 창조할 수 있다.

그러면 어떤 SNS를 할 것인가? 블로그, 페이스북, 유튜브, 인스타그램 정도는 해야 한다. 그래야 SNS바다에서 살아남는다. 먼저 블로그다. 블로그는 자신의 일상이나 견해 등을 게시하는 개인 홈페이지다. 개인의 소소한 일상을 일기장처럼 기록하는 신변잡기부터 특정 영역의 정보와 소식을 게시하거나 특정 견해와 태도를 표명하는 형태까지 다양하게 다룬다. 신제품 소식을 알리거나 소비자 대상 이벤트를 실시하는 등 기업 홍보 활동의 주요 플랫폼이기도 하다. 블로그의 장점은 직관적으로 콘텐츠를 볼 수 있도록 사용자 인터페이스 UI(user interface)를 자유롭게 꾸밀 수 있다. 이웃 불로그를 무한대로 가져갈 수 있고 노출력도 좋다. 자신이 만든 콘텐츠를 자유롭게 포스팅할 수 있고 검색도 쉽다. 필자는 블로그를 개인홈페이지로 운영하고 있다. 또한 순간적인 아이디어나 생각들을 그때그때 기록한다. 그런 포스팅을 모아 책을 출간하기도 했다.

다음은 페이스북이다. 페이스북은 인터넷에서 가장 큰 소셜 네트워크 사이트로 전 세계적으로 10억여 명이 사용한다. 사용자는 프로필 페이지를 작성하여 친구들과 가족들의 프로필 페이지와 연결한다. 상태 업데이트, 이벤트 초대, 사진, 동영상, 노트, 다른 웹사이트 링크 등을 공유할 수 있다. 이메일 주소가 있는 사람은 누구나 페이스북을 이용할 수 있다. 로그인하여, 자신에 관한 정보를 게시할 수 있는 프로필 페이지를 만들고, 원하는 내용에 '상태'를 게시하여 다른 사람들이 볼 수 있게 할 수 있다. 사람들은 보통 좋아하는 동영상, 뉴스 기사, 음악 등을 공유한다. 또한 보안 기본 설정을 통해 어떤 개인 정보와 사진을 공유하고, 어떤 사람들이 그것을 볼 수 있는지도 선택할 수 있다. 다른 사람들의 프로필을 살펴보고 게시물에 '좋아요' 표시를 하거나 '댓글'을 남기는 옵션도 있다. 페이스북의 장점은 첫째, 이용자가 광범위하다. 둘째, 페이스북 이용자에게 자연스러운 게시물 유입이 가능하다. 마지막으로 자신의 일상, 취미, 관심사 등을 자연스럽고 신속하게 공유하고 소통할 수 있다.

또 하나는 인스타그램이다. 인스타그램은 사진·동영상 기반의 모바일 SNS다. 인스타그램은 즉석에서 사진을 볼 수 있게 한 방식의 카메라인 '인스턴트(instant)'와 전보를 보낸다는 의미의 '텔레그램(telegram)'을 합쳐 만든 이름으로, 사진을 손쉽게 다른 사람들에게 전송한다는 뜻이 있다. 사진과 15초 내외 동영상만 올리면 되기 때문에 이용이 간편하다. 문자 중심의 페이스북과 달리 뭔가 써야 한다는 부담감이 없다. 또한 원하지 않는 사람과 상호관계를 맺지 않아도 된다.

마지막으로 유튜브다. 유튜브는 무료로 동영상을 볼 수 있는 공간이다. 인기 있는 동영상은 광고가 붙는다. TV나 영화의 일부(혹은 전부), 뮤직비디오, 뉴스 등은 물론 개인이 찍은 동영상도 자유롭게 업로드할 수 있다. 그 때문에 전문가는 물론 아마추어가 만든 것도 상당하다. 현재는 전 세계 최대 동영상 사이트로 음악의 경우 조회 수가 빌보트 차트에도 영향을 미치고 있다.

어떻게 SNS바다에 빠질 것인가? SNS를 한다는 것은 두 개의 삶을 산다는 의미다. 그러다 보면 가끔 어느 삶이 진짜인지, 어느 삶에 사는 사람들의 의지와 바람이 실제를 바꾸고 있는지 혼란스럽다. SNS는 자기가 꿈꾸는 또 다른 삶을 설계하는 곳이다. 위로를 받는 공간이고 기존의 체제에서 벗어나 꿈을 설계하는 공간이다. SNS바다에 빠지기 위해서는 다음과 같은 자신만의 7가지 전략이 있어야 한다.

- 자신만의 SNS기반 노출 플랫폼을 만들어라.
- 대중의 입장에서 생각하라.
- 가치 있고 차별화된 콘텐츠를 창조하라.
- 가끔은 감동을 주는 콘텐츠를 제공해라.
- 사소한 것이라도 칭찬을 아끼지 마라.
- 다른 사람에 적극 관심(리액션)을 가져라(좋아요, 댓글, 리트윗 등).
- SNS를 생활화하라(하루 일정 수립 시 일정에 반영하기).

효과적으로 SNS바다에 빠지기 위해서는 내가 먼저 손을 내밀어야 한다. SNS바다에서 살아남기 위해서는 자신만을 노출하는 것이 아니라 대중과의 우호적 관계도 형성해야 한다. SNS를 이용한 대중과 커뮤니케이션을 통해 '나'를 찾을 때 파도에서 살아남을 것이다. SNS바다에 빠져 살아남게 하는 것은 친구(이웃, 팔로워)

가 많은 사람이 아니다. 바로 자신이다. 자기가 누구인지 설명할 수 있어야 한다. 그 설명이 대중을 움직일 때 SNS바다에서 더 큰 파도를 치게 한다. '나'라는 파도와 대중의 파도가 만나서 또 다른 파도를 만들어 가는 것이 SNS바다에 빠지는 것이다. 나의 노출과 대중의 노출이 만나서 하나의 물결이 되고, 그 물결이 모여 파도가 된다. 그렇게 만들어진 파도가 나를 설명하게 해야 한다.

이제 사회나 다른 사람이 나를 설명해주지 않는 개인의 시대다. 스스로 나를 설명해 가야 한다. 내가 관계를 맺는 것들이 바로 나를 설명하는 것이다. 스마트폰 하나만 있으면 누구나 새로운 관계를 만들어 내는 시대다. 굳이 사람을 면대면(Face-to-Face)으로 만날 필요가 없다. 관계를 맺기 위해서 돈을 쓸 필요도 없다. 조직의 시대의 학연, 지연, 혈연 등 휴먼네트워크의 의미도 약해지고 있다. 인간관계를 유지하기 위해 다른 세력에 기대어 상처받을 필요도 없다. 내가 중심이 되어 SNS바다에 빠지면 된다. 그래야 다른 사람이 만들어 놓은 관계를 찾기보다는 내가 직접 나에 대한 관계를 만들어야 한다는 것을 깨닫는다. SNS바다는 내가 어떤 사람이며, 내가 지금까지 어떤 관계를 맺어왔고, 그 관계들이 나의 현재와 미래가 어떠할지 알려줄 것이다.

06

손짓하라

리더십 분야 세계 최고 권위자인 로버트 호건(Robert Hogan) 박사는 "좋은 리더가 되기 위해서는 '자신'과 '남들이 바라보는 자신의 모습'간의 차이를 인식하는 것이 필요하다."라고 이야기했다. 대부분 남들이 보는 자신의 모습대로 평가되며 그에 걸맞은 역할이 주어진다. 대부분의 사람은 자신이 가지고 있는 역량만큼 대우받지 못하고 남들보다 못한 삶을 살아간다고 생각한다. 다시 말해 어떤 분야를 이끌어 가는 리더가 되지 못한 것이다.

왜 노력은 똑같이 하는데 리더의 위치에 오르지 못할까? 손짓하는 삶이 아닌 손을 보는 삶을 살았기 때문이다. 손을 보는 사람은 리드를 당하고 손짓을 하는 사람은 리드를 한다.

'손짓'이란 손을 놀려 어떤 사물을 가리키거나 의사를 나타내는 일을 말한다. '손짓하다'는 '손을 놀려 어떤 사물을 가리키거나 자기의 생각을 남에게 전달하다. 말로 하여서는 부족한 감정이나 정황을 손을 놀려 표현하다'라는 의미다. 손짓하는 삶은 어떤 의사를 가지고 자신을 노출하며 주도적으로 살아가는 것이다. 우리 주위에는 손짓하는 삶을 사는 사람이 많지 않다. 그저 남의 손을 바라보며 그 손을 잡기가 어렵다고 불평할 뿐이다.

서양화가 홍수현은 2015~2016년 '손짓하다' 연작을 그렸다. 홍수현 작가가 그리는 것은 손 자체라기보다 손의 동작, 즉 손짓이다. 손짓에는 언어로 표현하기 어려운 미세한 감정과 욕망 등 정서적인 것이 담겨있다. 한 사람의 손짓은 그의 외적으로 보이는 행동에 국한하지 않고 정신적인 것까지 유추하게 해준다. 손짓은 눈과 말로 할 수 없는 것들을 보여준다. 손짓에는 무언가를 달성하고 싶어 하는 열정, 욕망, 희망, 꿈 등 수많은 감정이 담겨있다. 멀리서 대중을 향해 손짓하는 사람은 새로운 질서를 꿈꾸고 만들어 가는 사람이다.

개인의 시대에 손짓하는 삶을 살기 위해서는 주저하지 말고 노출하라. 먼저 노출하는 자가 주도권을 잡고 리더가 된다. 모든 것이 연결되어 있어서 누군가 노출하면 누군가를 통해 번진다. 결국 사회 전체에 영향을 미치게 된다. 이런 흐름을 타기 위해서는 새로운 노출의 리더십이 필요하다. 이를 만들기 위해서는 4L(Linking, Love, Lure, Live together)이 있어야 한다.

노출하는 리더십을 만들기 위한 첫 번째 요소는 연결(Linking)

이다. 우리는 초연결사회(hyper-connected society)에 살고 있다. 사물인터넷(IoT)과 모바일, 인공지능, 빅데이터 등 디지털 기술이 예상하지 못하던 일거리를 만들고 삶의 질을 바꾸고 있다. 세상을 주도하는 사람은 연결점에서 기회를 찾는다. 사람과 사람의 연결, 사람과 사물의 연결 그리고 사물과 사물이 연결되어 기존에 넘지 못했던 장벽(Gap)들이 무너지고 있다. 예를 들어 인공지능이 탑재된 자동번역기가 나오면서 언어의 장벽이 무너지고 있다. 몇 년을 배워야 습득할 수 있는 외국어를 배울 필요가 없게 된 것이다. 이렇게 되면 연결의 속도는 무한 팽창하며 새로운 것들이 만들어질 것이다. 손짓하는 삶을 사는 것은 도처에 흩어진 자원을 효과적으로 연결해 내는 연결리더십에 달려 있다. 연결리더십은 각 이해관계자들과 소통과 연결을 통해 공동의 목표를 달성하고 성과를 창출하는 행동이다.

두 번째 요소는 사랑(Love)하는 마음이다. 손짓하는 삶을 사는 것은 사랑하는 마음을 가질 때 가능하다. 손짓에는 따뜻한 사랑의 감정이 담겨있다. 사전적 의미로 사랑은 '부모나 스승, 또는 신(神)이나 윗사람이 자식이나 제자, 또는 인간이나 아랫사람을 아끼고 소중히 위하는 마음의 상태'를 말한다. 다시 말해 사랑은 사람을 존경하고 따르는 마음이다. 사랑이 충만한 사람은 존경하고 따르는 사람이 많다. 사랑은 인간과 인간을 연결한다. 사랑한다는 것은 서로 주고받는 것이다. 사람들은 서로 주고받으며 살아간다. 기쁨, 슬픔, 지식, 정, 마음, 돈, 물건 등 무수히 많은 것을 주고

받는다. 만약 주고받는 것이 없을 때 사람은 고독과 불행과 소외감을 느낀다. 사랑하면 사랑할수록 아낌없이 준다. 손짓하는 삶을 사는 사람은 '사랑'하는 마음이 충만하다. 주위 사람을 어루만지며 무언가 줌으로써 스스로가 풍성해진다. 사람들은 그런 사람을 따른다.

세 번째 요소는 유혹(Lure)이다. "이해시키려 하지 말고 유혹하라."《스티브 잡스 프레젠테이션의 비밀》의 책에 나오는 말이다. 유혹은 누군가를 꾀어서 정신을 혼미하게 한다는 의미다. 유혹은 누군가를 이끌어낸다는 점에서 생존의 원초적인 행동이기도 하다. 우리는 누군가를 유혹하기 위해서 자신의 매력을 발산하려고 한다. 직장, 사회, 일상 그리고 사이버 상에서 많은 사람과 관계를 맺으며 살아간다. 오늘 하루도 수많은 사연들이 스쳐 지나간다. 어떤 것은 그냥 지나가지만 어떤 것은 거미줄처럼 가슴에 걸린다. 이렇게 걸리는 것이 유혹의 덫이다. 유혹의 덫을 놓은 사람이 손짓을 하는 삶을 사는 사람이다.

내 안에는 유혹하는 것과 유혹 받고 싶은 것이 함께 있다. 유혹은 특별한 사람의 전유물이 아니다. 호기심으로 세상을 바라보면 대중의 새로운 관심사를 알아낼 수 있다. 대중의 관심사를 말하는 사람은 대중과 함께 있는 시간을 제대로 즐길 줄 안다. 즉, 대중을 유혹하는 사람이라는 의미다. 대중은 생각보다 쉽게 유혹에 넘어간다. 다만 유혹할 줄 모르는 사람을 외면할 뿐이다. 손짓하는 삶으로 전환하기 위해서는 대중을 유혹하라.

마지막 요소는 공존의 정신(Live together)이다. 공존은 서로 도와서 함께 존재하는 것이다. 우리는 디지털 트랜스포메이션(Digital Transformation) 시대에 살고 있다. 디지털 트랜스포메이션은 최신 정보기술(IT)을 활용하여 묵은 관습, 조직, 비전을 혁신하고 비즈니스모델을 혁신한다. 디지털 트랜스포메이션은 개인의 시대를 촉진하며, 또한 1인 N잡의 시대를 만든다. 누구나 자기 직업과 직장을 만들 수 있다. 자신이 원하면 방송국, 신문사, 대학교, 기업 등을 만들 수 있다. 또한 PD, 교수, 기자 등을 할 수 있다. 자기가 만들면 된다. 이를 위해서 이런 대중과 상호 협력하며 공존하는 생태계를 구축해야 한다. 모두가 자신의 경쟁자이면서 협력자이기 때문이다. 이제 공존의 문화가 중요하다. 대중과 공존하기 위해 어떻게 하면 좋은 친구, 좋은 네트워크를 만들지 고민해야 한다. 연계와 연결은 공존력에 의해서 좌우된다. 공존력은 대중을 끄는 힘, 대중을 모으는 힘, 대중을 연결하는 힘이다. 대중을 끌어들여 공존할 때 힘은 더욱 커진다. 공존력으로 일상을 바라보면 문제해결을 위한 새로운 시각과 손짓하는 삶을 살 수 있다.

개인의 시대의 리더십은 대중을 향한 '손짓리더십'이어야 한다. 대중을 연결하고, 사랑하고, 유혹할 수 있으며, 공존할 수 있는 마인드가 필요하다. 대중을 향해 손짓하며 다가가서 리드하며 활력을 불어넣어야 한다. 자신의 상상력을 통해 아이디어를 자유롭게 노출하여 대중을 사로잡아야 한다. 조직 시대의 상명하복 등 기존 관행의 눈치를 보는 것이 아니라 자신만의 자존감에서 나오는 내공으로 노출하는 힘이 중요하다. 개인의 시대에는 노출력(Exposure-ship)이 리더십이다. 노출은 손짓이다. 누군가를 끊임없이 유혹하는 손짓을 하라.

2018년 경남농업기술박람회가 창원에서 열렸다. 농촌이 젊은이들에게 손짓한 것이다. 젊은이들은 농촌은 돈이 안 되는 곳이라는 편견이 있어 농촌을 떠난다. 세계 3대 투자가인 짐 로저스(Jim Rogers)가 한국을 방문해 "내가 한국의 젊은이라면 당장 농지를 구매하겠다."라고 했다. 농촌진흥청에서는 박람회로 젊은이들을 유혹하고 있다. 청년 농부들의 성공 사례, 청년들이 생산한 농산품을 소개했다. 또한 청년 농업지원 상담부스를 만들어 정부의 각종 지원 사업을 알려주고, 농업 체험프로그램도 소개했다. 곤충전문 컨설턴트, 초음파진단관리사, 농촌교육농장 플래너, 마을기업 운영자, 식생활교육전문가, 스마트농업전문가, 협동조합 플래너, 농가카페 매니저, 재활승마치료사, 농산물유통전문가 등 유망 일자리도 소개했다. 농촌진흥청이 젊은이들에게 새로운 세상을 만들어가도록 손짓한 것이다. 개인의 시대에는 손짓하는 사람이 리더가 된다. 손짓하는 사람이 세상을 이끌어 간다. 리더가 따로 있는 것이 아니다. 대중을 끌어 모으는 사람이 리더다. 손짓으로 세상을 바꿀 수 있다. 그 집단지성 속에 정보와 의미가 있고 답이 있다. 꽃이 향기와 꿀을 품고 벌과 나비를 유혹하듯 자신의 정체성을 기반으로 재미와 공감을 얻을 수 있는 콘텐츠로 손짓하라.

07

수익 모델을 그려라

2018년 교육부가 실시한 초등학교 희망 직업 5위에 '유튜버(인터넷방송 진행자)'가 꼽히며 처음으로 10위권 내에 올랐다. 학생들 사이에 '1인 크리에이팅' 열풍이 불고 있다. 초등학생의 일상 풍속도 바뀌고 있다. 아이들은 문자 메시지 대신 유튜브 영상으로 일상을 공유한다. 초등학생 유튜버가 대거 등장하고 그 중 일부는 10억 원 넘는 수익을 올리기도 한다. 일상의 노출이 수익으로 연결되고 있다.

이처럼 노출 콘텐츠가 돈이 되는 시대다. 사람들은 스마트폰만 있으면 전 세계 사람들을 만날 수 있는 기회를 잡는다. 유튜브와 페이스북은 새로운 TV, 팟캐스트는 새로운 라디오, 블로그와 인스타그램은 새로운 신문과 잡지가 되고 있다. 이제 자신의 개성화된 노출 콘텐츠만 있으면 자신을 알리고 수익을 창출할 수 있다. 노출 콘텐츠가 돈이 되는 것이다. 단, 노출 콘텐츠를 돈으로 바꾸기 위해서는 노출 수익 모델을 정교하게 만들어야 한다.

기업들은 살아남기 위해서 비즈니스 모델을 만든다. 비즈니스 모델이란 무엇인가?《비즈니스 모델 제너레이션》의 저자인 알렉산더 오스터왈더(Alexander Osterwalder)는 "비즈니스 모델은 기업이 어떻게 가치를 창출하고, 전달하고, (돈을) 회수할지에 대한 이야기다."라고 말했다. 예를 들어 라면 회사는 라면을 만들고 팔아서 돈을 번다. 소비자에게 가치를 제공하는 서비스 모델과 돈을 버는 수익 모델이 일치한다. 라면 회사 입장에서는 어떻게 소비자들이 원하는(가치 있는) 라면을 만들 것인가가 중요하다.

하지만 라면을 소비자들에게 무료로 제공하고 광고료를 받아서 수익을 낸다면 문제가 달라진다. 수익 모델에 대한 전략이 필요하다. 전통적 사업 관점에서 보면 이러한 현상이 매우 예외적이라고 생각할 수 있다. 그러나 노출 콘텐츠 서비스에서는 수익 모델을 깊게 고민해야 한다.

노출 콘텐츠 서비스에서의 비즈니스 모델은 서비스 모델과 수익 모델로 구성된다. 서비스 모델은 소비자에게 어떤 가치를 제공할 것인지를, 수익 모델은 어떻게 돈을 벌 것인가를 정하는 것이다. 예를 들어 구글의 서비스 모델은 검색이지만 수익 모델은 광고다. 노출 수익 모델(revenue model)은 비즈니스, 일반적으로는 노출 콘텐츠 서비스를 돈으로 바꾸는 것이다. 또, 노출 수익 모델은 자신이 노출을 통해 어떻게 수익을 내고 이익을 발생시키고 투자에 대한 최고의 수익률을 내는지 설명한 것이다. 아래 〈표 5〉처럼 판매형, 수수료형, 구독형, 광고형 수익 모델이 있다.

<표 5> 노출 콘텐츠 수익 모델 종류

수익 모델	설명	목표(수)	목표 금액
판매형	상품·서비스-그림, 제품, 미용 …	판매 건수×금액	
	책-인세	판매 부수×인세	
	칼럼·기고-기고료	기고 건수 당 금액	
	과제 논문-과제료	과제료	
	콘텐츠(사진, 동영상)-판매료	판매 건수	
수수료형	강연·교육-강사료	강의·교육 건수	
	평가·심사-심사료	심사·평가 건수	
	방송토론-출연료	출연 건수	
	교육과정개설-교육비	과정당 교육비	
	공연(연주, 전시회, 무용 …)	공연 수익	
구독형	리뷰	리뷰 건수당 금액	
	논평	논평 건수당 금액	
	리포트	리포트 건수당 금액	
광고형	블로그	광고 건수	
	페이스북	광고 건수	
	유튜브	광고 건수	
	인스타그램	광고 건수	

수익 목표는 월 단위로 잡는 게 좋다. 만약 월 400만 원의 수익을 목표로 한다면, 각 수익 모델별 목표는 얼마로 할지 세분화해야 한다. 만약 수익 모델별로 고르게 배분한다면 100만 원씩이다.

그러나 각 수익 모델별로 100만 원을 벌기가 쉽지 않다.

첫째, 판매형 수익 모델(sales revenue model)은 고객에게 서비스, 상품, 정보를 팔아서 수익을 낸다. 예를 들면 상품 · 서비스(판매료), 책(인세), 칼럼 · 기고(기고료), 과제논문(과제비), 콘텐츠(사진, 동영상 판매료) 등이 있다. 물론 판매자의 유명도에 따라 가격은 다르다. 인세의 경우는 한 권 팔릴 때 1,200원 정도 수익이 발생한다. 기고는 A4 한 장당 5만 원에서 10만 원 정도다. 과제논문은 규모에 따라서 다르다. 이런 판매형 수익으로 100만 원을 번다면 항목별로 몇 건 정도 해야 하는지 계산이 된다.

둘째, 수수료형 수익 모델(transaction fee revenue model)은 수수료를 받아 수익을 얻는다. 예를 들면 강연 · 교육(강사료), 평가 · 심사(심사료), 세미나 · 방송 토론(출연료), 교육과정 개설(교육과정료), 공연(연주회, 전시회, 무용) 등으로 수익이 발생한다. 강사료 같은 경우는 시간당 30만 원에서 수백만 원까지 받을 수 있다. 심사료도 5만 원부터 있다. 유명도에 따라 가격은 달라진다. 만약 강의료로 100만 원을 벌 계획이라면 50만 원짜리 두 건을 수행하면 된다.

셋째, 구독형 수익 모델은 리뷰, 논평, 리포트, 체험 등을 판매해 수익을 내는 모델이다. 구독형 수익 모델을 사용하기 위해서는 제공 자료가 다른 자료와 구분되고 복제가 어려우며 쉽게 구할 수 없어야 한다. 부가가치가 높아야 한다. 맛집 관련 파워 블로거라면 맛집 소개 글을 써주고 해당 식당에서 돈을 받는 식이다. 또한 어떤 행사나 체험단 참여를 통해 원고를 써주고 돈을 받을 수도 있다. 물론 가격은 천차만별이다. 월 100만 원을 모은다고 가정하면 쉬운 일은 아니다.

마지막으로 광고형 수익 모델(advertising revenue model)은 노출 콘텐츠 서비스의 가장 매력적인 수익 모델이다. 노출 콘텐츠는 일반 대중에게 광고를 노출하기 위해 드는 비용을 광고주가 지불하기 때문에 대중에게 무료로 제공된다. 페이스북, 블로그, 유튜브, 인스타그램은 모두 광고를 끌어 들여 돈을 벌 수 있는 수익 모델을 제공한다. 블로그의 애드포스트가 대표적이다. 인플루언서가 되면 광고 수익은 점점 더 커진다. 축구선수 호날두는 인스타그램에서 사진 한 장으로 4억 원을 벌기도 한다. 호날두의 팔로워 수는 1억 6천만 명이다. 또한 국내 유명 유튜버의 경우 월 수익이 1억을 넘는다. 그만큼 광고 효과가 크기 때문에 광고주들이 광고료를 지불한다.

그러나 대부분의 사람들은 SNS에서 월 1만 원의 광고 수익을 내기 힘들다. SNS 노출 콘텐츠를 돈으로 바꾸기 위해서 전략이 필요한 이유다. 대부분의 사람들은 페이스북 등 SNS를 통해 자신의 일상을 공유하고 친구들과 연락한다. 또한 다른 사람들의 포스팅 내용을 보는 정도다.

SNS로 수익을 만들기 위해서는 첫째, 노출 콘텐츠의 품질이 좋아야 한다. 양도 많아야 한다. 꾸준히 흥미로운 링크, 이미지 등을 올려 매일 업데이트해야 한다. 포스팅이 띄엄띄엄 올라오면 팔로워들은 흥미를 갖지 못한다. 둘째, 자신의 전문 분야를 어필할 수 있는 콘텐츠를 생산해야 한다. 만약 자신이 한국전통요리연구가라면 관련된 요리의 역사, 맛집 소개, 명인 소개, 자기가 만든 전통요리, 맛 탐방 등 틈새시장을 찾아 양질의 콘텐츠를 지속적으로 생산하고 포스팅해야 한다.

셋째, 노출 콘텐츠가 흥미와 관심을 끌 수 있어야 한다. 최신 트렌드를 읽고 콘텐츠를 발굴 생산해야 한다. 대중은 관심 있는 곳을 클릭한다. 관심을 끄는 콘텐츠는 신선하고 관련성이 높은 콘텐츠다. 만약 자신이 디지털 트랜스포메이션의 전문가라면 최신 발표된 논문, 칼럼, 기고, 신문기사, 동영상 자료를 큐레이팅해서 포스팅하는 것이 좋다. 또한 디지털 트랜스포메이션 사례들을 모아 포스팅하거나 실제 현장 기업을 방문해 얻은 자료를 포스팅하는 것도 좋다. 이렇게 큐레이팅된 노출 콘텐츠가 전문가 수준의 자료일 경우 자신도 전문가의 반열에 오른다.

마지막으로 노출 콘텐츠 내용의 배분이다. 전문가라고 해서 그 분야에 맞는 자료만 올린다면 흥미와 관심도가 떨어진다. 그래서 콘텐츠 포스팅을 적절하게 배분해야 한다. 드론 설계 전문가라면 본인의 인사이트·생각을 담은 콘텐츠를 30%, 드론 관련 외부 자료 큐레이팅 콘텐츠를 40%, 그리고 자신의 일상 콘텐츠를 30% 정도 배분하는 게 좋다. 사람들은 단순한 일상 사진 한 장에서 감동받는다. 진솔한 일상도 보여주면서, 전문가로서 필요한 콘텐츠를 지속적으로 포스팅하는 것이 좋다.

'나움'을 운영하는 이정숙 대표는 "행복한 삶을 살기 위해선 먹고사는 일, 의미 있는 일, 목숨을 바칠 정도로 재미있는 일이 필요하다. 세 가지 중 하나가 부족하면 삶이 드라마가 되고, 둘이 부족하면 비극이 된다."고 했다. 사람들은 왜 사냐고 물으면 '행복'하기 위해서 산다고 대답한다. 행복하게 살기 위한 제 1조건이 먹고사는 일이다. 조직의 시대에 먹고사는 일은 노동을 통한 돈 벌이에 있었다. 그러나 개인의 시대에는 생산수단을 만드는데 있다. 생산수단은 노동이 없이도 돈이 들어오는 구조를 만드는 것이다.

4장

개인의 시대가
던지는 질문

01

꿈을 가져야 하는 이유는?

동기부여 강사인 브라이언 트레이시(Brian Tracy)는 "성공하려면 타고난 엄청난 재능이나 상속재산, 고학력, 인적네트워크 등이 아니라 명확하게 글로 쓴 목표가 필요하다."라고 이야기한다. 하버드대학교 졸업생을 분석한 결과를 보면, 목표를 글로 썼던 3% 학생들이 목표가 명확히 없었던 97%보다 재정적으로 훨씬 큰 성취를 보였다. 여기서 목표는 꿈이다.

우리나라 젊은이를 '상실의 세대'라고 한다. 요즘 20대는 '3포 세대'를 넘어 '5포 세대'라고 불린다. 연애와 결혼, 출산을 포기한 것은 물론이고 인간관계와 내 집 마련까지 포기했다. 젊은이들이 체감하는 절망의 무게를 대변하는 신조어다. 실제 사회적·경제적으로 성장할 기회조차 박탈당한 이들은 성취의식 또한 높지 않다. 왜 젊은이들이 꿈을 잃어버렸을까? 젊은이가 꿈을 가질 수 없는 사회는 희망이 없다.

기성세대도 꿈 없이 살아가고 있다. 직장생활을 열심히 하지만 자신이 노력한 만큼 소득을 얻지 못하고 행복도 느끼지 못한다. 하루하루 다람쥐 쳇바퀴 돌 듯 흘러가는 반복적인 삶이다. 직장에서 살아남기 위해서 동료들과 치열한 싸움을 한다. 이 과정에서 많은 상처와 좌절을 겪는다. 이 싸움에서 겨우 살아남는다 해도 건강, 내 집 마련, 자녀교육, 부모부양 등 해결해야 할 문제들이 쌓여 있다. 살아남기 위한 끝없는 싸움 속에서 살아가니 꿈을 생각할 시간이 없다.

사람들이 힘들게 사는 이유는 꿈을 빼앗겼기 때문이다. 사람들이 좌절하는 것은 당장 돈이 없어서가 아니다. 꿈을 꿀 수 없기 때문이다. 당장 가진 게 없더라도 열심히 노력하면 큰 성취를 누릴 수 있다는 믿음이 있을 때 사람들은 희망을 품고, 사회는 활력이 넘친다.

개인의 시대에 노출이 던지는 첫 번째 질문은 '꿈을 가져야 하는 이유는?'이다. 자신을 노출한다는 것은 꿈을 꾸기 위한 날갯짓이다. 나비는 작은 고치구멍을 내며 몸부림을 쳐야 날갯짓할 수 있다. 나비가 작은 구멍을 빠져 나오려 애쓰는 동안 몸통에 있던 액체가 나와 날개를 적시고, 그러면서 날개가 단련되면서 날 수 있는 힘을 얻게 된다. 날아오르기 위해 인내하는 애벌레처럼 우리 삶도 그런 과정을 겪는다. 애벌레의 간절한 꿈인 날갯짓이 나비로 변신하게 한다.

꿈이란 무엇인가? 꿈이란 삶의 방향이다. 한 사람이 삶을 살아가는데 있어서 바라보고 나아가야 할 방향이다. 등대가 없으면 배가 가야 할 방향을 알지 못하는 것처럼 꿈이 없으면 나아갈 방향이 없는 삶이 된다. 또한 꿈은 내가 살아가야 할 이유이다. 꿈은 생존의 근거다. 사람은 그 꿈을 이룰 수 있다는 강한 확신을 가지고 부지런히 뛰지 않으면 살아갈 수 없는 존재다. 우리가 직업을 갖는 것은 꿈을 이루기 위한 수단이지 목표는 아니다. 작가라는 직업을 예로 들면 작가는 직업이지 꿈이 아니다. '세상을 아름답게 밝혀주는 작품을 쓰는 작가'는 꿈이 될 수 있다.

꿈을 꾸는 데는 돈이 들지 않는다. 시간도 들지 않는다. 남의 도움도 많이 필요하지 않다. 자신의 어제, 오늘, 내일을 통찰하며 자기가 바라는 삶의 신념을 정의하면 된다. 여기서 삶의 신념을 정의한다고 해서 거창하게 생각하지 않아도 된다. 삶의 신념을 정의하는 것은 자기 노출에서 자연스럽게 나오기 때문이다. 자기 노출과 꿈을 연계하는 삶을 살 경우 신념은 자연스럽게 만들어진다.

개인의 시대에 노출하는 삶을 살기 위해서는 간판에 목매는 삶보다 꿈에 목매는 삶을 살아야 한다. 사람들은 간판을 위해 애쓰며 산다. 다른 사람보다 더 좋은 간판이 있어야 성공한 사람으로 인정받고, 돈을 많이 벌기 때문이다. 소위 출세한 사람들은 명문대라는 학벌(學閥), 공무원·대기업이라는 직벌(職閥), 권력을 휘두르는 조직에 줄을 서려는 권벌(勸閥), 그리고 다른 사람에게 존경을 받으려는 명벌(名閥)을 갖췄다. 사벌(四閥)을 얻기 위해 사람들은 자신이 가지고 있는 역량보다 더 많은 시간과 노력을 투자한다. 인생에는 행복, 사랑, 꿈, 도전, 희망 등 결코 변하지 않는 삶의 본질이 있다. 이런 삶의 본질을 뒤로한 채 오로지 출세하기 위해 전력질주 하는 궤도로 진입해버린다. 이렇다 보니 수많은 젊은이가 공무원이 되기 위해 노량진 학원가에 몰려 인생을 낭비하고 있다. 오로지 공무원이 되거나 대기업에 들어가기 위해 목숨을 걸고 기계적으로 시험문제를 풀고 있다.

집의 크기가 아니라 꿈의 크기가 세상을 바꾼다. 꿈이 없는 사회일수록 집의 크기를 자랑한다. 부동산 투기로 한탕 벌겠다는 사람들이 많다. 건물주가 되어 월세를 받으며 살아가는 게 꿈인 사회로 변했다. 가치를 창출하는 일이 아닌 아파트나 상가에 투자해 월세를 받아 사는 것을 선호하는 사회가 되었다. 서글픈 일이다.

아파트 값이 천정부지로 올라갔다. 집 없는 사람은 아무리 노력해도 집을 살 수 없게 되었다. 그러다 보니 결혼도 어렵다. 운 좋게 좋은 지역에 아파트를 사서 돈을 벌면 자랑스럽게 생각하는 저급 문화의 사회가 되었다. 투자를 하지 못하는 사람이 바보가 되다 보니 젊은이들에게 희망이 사라지고 있다.

그렇다고 좌절할 수 없다. 자신의 인생은 자신이 개척하면 된다. 꿈을 가진 사람은 보는 눈이 다르다. 자기에게 닥친 문제만 보는 게 아니라 기회를 본다. 현실만 보는 게 아니라 그 너머에 있는 미래를 본다. 꿈이 있는 사람은 결코 무너지지 않는다.

오늘의 나는 어제 꿈의 결과물이다. 지속적으로 우리 사회를 코너로 몰고 있는 불로소득 사회를 떨쳐버리고 꿈을 주는 사회로 가야 한다. 불로소득은 꿈을 짓밟는다. 그러나 꿈을 가진 사회는 아름다운 꿈을 품은 사람은 훌륭한 예술가로, 사랑의 꿈을 품은 사람은 큰 지도자로, 호기심의 꿈을 품은 사람은 세상을 바꾸는 창조가로 만든다. 꿈이 있는 사람과 꿈이 없는 사람의 삶은 완전히 다르다. 당신의 꿈은 무엇인가?

이끄는 삶을 살지, 아니면 끌려가는 삶을 살지는 꿈이 있느냐 없느냐의 차이다. 도스토예프스키는 "꿈을 밀고 나가는 힘은 이성이 아니라 희망이며 두뇌가 아니라 심장이다."라고 이야기했다. 꿈이 있는 사람은 이끄는 삶을 살고 꿈이 없는 사람은 이끌려가는 삶을 산다. 인생은 결국 꿈이 있어야 한다.

02

가치 사회로 가는 길은?

법정 스님은 "가치 있는 삶이란 욕망을 채우는 삶이 아니라 의미를 채우는 삶이다."라고 말씀하셨다. 가치(價値)는 일반적으로 좋은 것, 값어치·유용(有用)·값을 뜻하며, 인간의 욕구나 관심을 충족시키는 것, 충족시키는 성질, 충족시킨다고 생각되는 것이나 성질을 말한다. 사람들은 어디에 중심을 두고 살까? 돈에 중심을 두고 사는 사람들이 많다.

사람들이 돈의 노예로 살아가는 이유는 개인의 문제라기보다 물치(物值)사회의 지배를 받기 때문이다. 물치사회란 가치보다는 물질을 중시하는 사회다. 물치사회의 대표적인 현상이 물질만능주의와 천민자본주의다. 물질만능주의는 돈을 삶의 가장 중요한 가치로 여긴다. 돈이면 무엇이든 할 수 있다고 생각한다. 몇 년 전

홍사단이 초중고 학생 6,000명을 대상으로 한 설문조사에서 고등학생 44%가 '10억 원이 생긴다면 1년간 감옥을 가도 괜찮다'고 응답해 충격을 줬다. 천민자본주의는 생산 활동을 통하여 영리를 추구하지 않고 부동산 투기, 고리대금업과 같은 자본의 운영을 이윤 추구의 기본적인 형태로 삼는다.

덜 성숙한 사회일수록 물치의 비중이 크다. 물치사회는 돈의 많고 적음이, 학벌이, 어떤 직장을 다니느냐에 따라 사람의 등급을 정한다. 그렇다 보니 사람들은 십수 년 이상을 좋은 학벌을 얻기 위해 많은 돈을 투자하며 올인 한다. 학원이 만들어 주는 프로그램대로 움직인다. 자신이 누구인지, 어디로 가는지, 자신의 진정한 가치가 무엇인지 생각하지 않는다. 각본대로 정해진 문제를 풀어내는 기계가 되어야 원하는 대학에 들어갈 수 있고, 그에 상응하는 학벌을 얻게 되는 구조다. 대학에 들어가도 좋은 직장을 얻기 위해 또 올인 한다. 또한 좋은 직장에 들어갔어도 자신이 어디로 가고 있는지, 진정한 가치가 무엇인지 생각할 시간 없이 일에 파묻혀 산다.

조직의 시대에는 돈과 행복을 거의 동일시한다. 돈이 많으면 행복하다고 느낀다. 또한 돈이 계급과 계층을 결정해 주는 강력한 수단이라고 생각한다. 모든 초점이 돈에 맞추어져 여러 문제가 발생한다. 돈으로 인해 부패 사건이나 범죄가 일어난다. 이런 문제를 해결하기 위해서는 물치사회에서 가치사회로 전환해야 한다.

물치사회에서 가치사회로 가기 위해서는 어떻게 해야 하나?

첫째, 평생 할 수 있는 '일'을 찾아라. 욜로(YOLO: Your Only Live Once)족이 생기고 있다. YOLO는 '한 번뿐인 인생, 지금 이순간의 가치를 중시하며 살자.'라는 의미다. 이 사고방식은 젊은 세대들에게 미래의 불확실성에 대한 위안으로, 순간을 즐기며 가치 있다고 생각되면 과감하게 도전하는 트렌드다. 조직의 시대에서 사람들은 사회에서 인정하는 지위를 차지하기 위해 자신을 희생했다. 좀더 높은 지위를 얻기 위해 일의 본질보다는 다른 사람의 눈치를 보고, 상사에게 아부도 하고, 경조사를 찾아다니며 눈도장도 찍는다. 일이 적성에 맞지 않거나 재미가 없어도 어쩔 수 없이 했다. 개인한테는 불행이고, 사회적으로는 손실이다. 개인의 시대에서 가치는 남을 의식해야만 살아남을 수 있는 '자리'가 아닌 평생 자신이 좋아하는 일을 한다.

SAT 만점을 받은 홍관의 하버드대학교 유학생은 해병대에 자진 입대했다. 요즘 젊은 친구들은 어떻게 하면 군대를 면제 받을까, 군대를 가더라도 의무경찰, 카투사 등 좀 더 편한 곳으로 가기 위해 수백대일에 해당하는 시험을 본다. 그래서 홍 군의 해병대 지원은 눈에 띄었다. 그는 해병대 입대 후에 "내게 해병대의 가치는 하버드보다 크다."라고 말했다고 한다.

둘째, 이름 있는 회사에만 집착하지 말고 배움이 있는 회사에 가라. 정해진 틀 안에서 시간을 보내면 월급이 나오는 곳으로 사람들이 몰린다. 일부 대기업도 이미 공무원화 되었다. 아침에 출근해 주어진 일을 하고 시간을 보내다 퇴근하면 월급이 나온다.

그러다 보니 직장생활이 무료하고 재미가 없다. 입사 전에 능력이 출중했던 사람이 점점 무능력해진다.

배움이 있는 회사에 몸을 담아라. 조직에서 더 이상 배울 게 없다면, 과감하게 독립하라. 윤지민 리얼관광연구소 대표는 서울시 한류 담당 공직을 내려놓고 19개 국가를 다니며 경험을 쌓아 컨설팅 회사를 창업했다. 서울시청은 누구나 가고 싶은 꿈의 직장이었지만 윤 대표는 과감하게 사표를 쓰고 독립했다. "조직의 생리상 어쩔 수 없었던 것 같아요. 이해는 하면서도 여러 번 좌절을 겪다 보니 자존감도 많이 떨어지고 상상했던 만큼 일할 수 있는 게 없구나 느꼈죠."라고 윤 대표는 말했다.

그는 우울 증세가 와 심리상담센터를 찾았고, 10주에 걸쳐 상담을 받고 공무원 명함을 버렸다. '직업 자체보다 삶의 가치를 추구하는 길'을 가기 위해서였다. 세상에서 일어나는 '진짜' 관광을 배우기 위해 직장을 그만두고 세계 여행을 떠났다. 260일 동안 19개국을 돌며 150명이 넘는 사람들을 만나면서 관광이 얼마나 수많은 사람의 삶과 세상을 변화시키는지 배웠다. 그리고 리얼관광연구소를 세우고 그 일에 몰입하고 있다.

이제 그는 정부 기관이나 기업이 준비하는 관광 관련 프로젝트에 맞춰 정책이나 마케팅, 관광 상품을 컨설팅한다. 또한 정보 과잉 속에서 전문 정보를 큐레이션(목적에 맞게 콘텐츠를 제공하는 것)해서 일반인 눈높이에 맞추어 제공한다. 자신이 좋아하는 관광 분야로 평생 할 수 있는 일을 찾은 것이다.

가치 있는 삶을 살기 위해서는 꿈을 이야기할 때 직업이 아니라 인생에서 이루고 싶은 목표를 말해야 한다. 특정 직업보다 자신이 어떤 일을 이뤄내는 사람이 되고 싶은가를 생각하라. 중요한 것은 이뤄내고 싶은 것을 지속적으로 노출하는 것이다.

마지막으로 땀의 가치를 인정받는 일을 하라.

일본 이나모리 가즈오(稻盛和夫) 회장은 《왜 일하는가》라는 책에서 "사람은 행복해지고, 가치 있는 인생을 살려고 일한다."라고 이야기한다. 회사는 단순히 먹고살기 위해 월급 받는 곳이 아니라 내 지식과 정체성을 세상에 알리는 무대라는 것이다. 세상의 무대에 자신을 알리기 위해서는 땀을 흘리며 가치를 인정받을 수 있는 일을 해야 한다. 조직의 시대를 살아온 이들을 보자. 지금 50~60대인 사람들은 자신이 좋아하는 일이 아니라 안정적이고, 명분이 있고, 돈이 되는 일을 좇았다. 그러나 지금은 100세 시대다. 60대에 은퇴를 해도 40년을 더 살아야 한다. 이제 살아가는 가치가 변해야 한다. 자기가 좋아하는 것, 자기가 가장 잘하는 것으로 일해야 땀의 가치를 인정받을 수 있다.

조직이나 남의 이름으로 남는 일이 아니라 자신의 이름이 남는 일을 찾아야 한다. 그래야 세상의 무대에서 자신을 알리고 사회에 공헌할 수 있다.

고광일 고영테크놀로지 대표는 "나는 비저너리 역할, 세상을 바꾸는 건 직원들"이라고 말하며 직원들에게 일의 의미를 찾으라고 주문한다고 한다. 여기서 일의 의미는 '어떤 물건을 만들어 세

상을 바꿀 것인가', '어떤 서비스로 생산방식을 바꿀 것인가' 등이
다. 단순히 다른 사람이 시키는 일을 하고 돈을 받는다면 진정한
의미를 찾지 못한다. 개인의 시대에는 자신의 가치관에 맞게 시간
과 돈을 쓰는 자가 행복하다. 자신이 중요하게 생각하는 가치가
무엇인지 우선순위를 정하고 그에 상응하는 노출 전략을 세워야
한다.

진정한 성공이란?

죽마고우인 친구의 연락을 받았다. 둘째아들이 서울 생활 10년
만에 A공사에 입사하게 됐다고 소식을 보내왔다. 요즘 신의 직장
이라고 불리는 공사를 들어가는 것은 하늘의 별 따기보다 어렵다
고 하는데 그 어려운 관문을 통과한 것이다. 친구 아들은 중소도
시에 있는 고등학교를 졸업하고 서울에 있는 대학에 갔다. 대학
4년과 군생활 2년을 빼면 대학 졸업 후 4년 만에 취직한 것이다.
굴지의 A공사에 합격했으면 어느 정도 성공했다고 볼 수 있을까?
　취업 준비생들은 공무원이 되기 위해 많은 시간과 돈을 쓰고
있다. 경쟁률도 매우 높다. 친구의 둘째아들이 공사에 들어가기까
지 얼마나 노력했을지 상상이 간다. 20대의 젊음을 시험 준비에
바쳤을 것이다. 과연 이것이 성공일까? 성공의 사전적 의미는 '스

스로 목표로 한 일을 성취하는 것', '수많은 사람들이 열망하는 목표를 이루어낸 상태'를 말한다. 다시 말해 자신이 원하는 바를 이루어 내는 것이 성공이다. 반대로 자신이 원하는 바를 이루지 못하면 실패다. 그러나 조직의 시대에는 한 사람이 사회적으로 부와 명예와 지위를 얻었을 때 성공이라 한다.

그러다 보니 많은 사람이 좋은 대학을 가고, 입사 시험에 합격하고, 좋은 직장에 들어가서 출세하려고 한다. 유치원 때부터 이런 성공의 길을 가기 위해 치열한 경쟁에 내몰린다. 황금 같은 시절을 시험에 매달려 다람쥐처럼 살아간다. 성공의 길이 하나밖에 없는 것처럼 오로지 그 길에 매달린다.

성공에는 여러 방정식이 있다. 좋은 직장에 들어가서 성공했다고 생각하는 사람, 돈을 많이 벌어서 성공했다고 생각하는 사람, 명예를 얻어서 성공했다고 생각하는 사람도 있다. 그러나 그 과정에 주체적 삶이 없다면 진정한 성공이 아니다. 조직의 시대의 사람들은 성공을 쟁취하기 위해 자신의 삶을 잃어버린다. 미국의 시인이자 비평가인 반 도렌(Van Doren, Mark)은 "한 가지 성공밖에 없다. 자신의 인생을 자기식대로 사는 것이다."라고 말했다. 자신의 삶을 사는 것이 성공의 핵심이다.

성공의 본질은 행복한 삶이다. 행복한 삶이란 자아를 찾는 것이다. 자아를 찾는 것이란 나 중심의 삶을 사는 것이다. 내가 중심이 되어 삶터를 만들어야 한다. 한 조사에 의하면 우리나라 사람들에게 행복하기 위해 필요한 것들을 조사했는데 1위가 돈(40%),

2위가 건강(28.4%), 3위가 가족(20.3%)으로 나왔다. 행복하기 위해 서는 돈이 중요하다는 이야기다. 사실 사람들은 돈을 벌기 위해 공부하고 일한다. 그렇게 하다 보면 돈의 노예가 되어 자신의 삶을 돌아볼 시간이 없고 나 중심의 삶이 아닌 타인 중심의 삶을 살게 된다.

세계적으로 성공한 아이돌 가수 방탄소년단(BTS)은 55주간 빌보드 소셜 50차트에서 1위를 했고, 인터넷 방송 'V라이브' 앱 구독자수가 735만 여명 그리고 유튜브 뮤직비디오 조회 수가 86억 뷰에 이른다. 유엔을 방문해 연설을 하고, 전 세계 국가에 진출해 국위선양을 하고 있다.

이들의 성공 요인은 무엇일까? 첫째, SNS를 통한 적극적인 노출, 즉 디지털 소통에 있다. BTS는 SNS를 통해 공감 가는 메시지를 진솔하게 표현하며, 다양하면서도 입체적으로 메시지를 전달해 방대한 콘텐츠를 구축했다. 이재국 성균관대학교 교수는 "지지 폭을 넓히고 그 지지가 강력해지도록 하는데 가장 중요하면서도 기본이 되는 게 노출이다. 많이 노출하면 친밀해지고 친밀해지면 계속 좋아할 가능성이 커진다."라고 이야기했다. BTS의 성공에는 노출의 힘이 컸다.

개인의 시대에는 머릿속에 있는 지식의 양이 아니라 세상에 얼마나 많은 흔적을 남기느냐가 성공을 결정한다. 삶은 성장의 흔적이다. 삶이란 부족한 내면의 자아를 끊임없이 노출하며 성장하는 과정이다. 삶의 궁극적인 목적은 타인에게 보여지는 성공이 아니라 자신에게 충실한 내적 성장이다. 개인의 시대에는 어떻게 성공할 것인가에서 어떻게 성장할 것인가로, 무엇을 축적할 것인가에서 무슨 흔적을 남길 것인가로 삶의 태도를 바꿔야 한다.

둘째, 추종자를 얼마나 가지고 있는지를 봐야 한다. 지금은 초연결사회로 인터넷과 소셜 미디어를 통해 불특정 다수와 소통한다. 학연, 직연, 지연, 혈연으로 인맥을 형성하던 시대를 벗어나 언제든지 필요에 따라 새로운 사람, 전문가와 만날 수 있다. Face to Face 만남이 아니라 사이버 상에서 Non-Face로 추종 세력을 만들 수 있다. 추종 세력은 노출을 통한 흔적 남기기로 가능하다. 개인의 시대에는 대중의 마음을 진솔하게 움직일 수 있는 자신의 흔적을 가지고 추종 세력을 얼마나 만드냐가 중요하다.

'금융과행복네트워크' 정운영 의장은 금융이 행복을 줄 수 있다는 믿음을 가지고 연구소를 설립했다. 정 의장은 "금융의 원래 기능은 모자람이나 남음의 불균형을 해소하고 행복의 수단이 되는 것이다. 물질만능주의가 팽배한 우리 사회에는 금융 교육이 절실하다."라고 하며 전문가를 모으고 대중을 모아 세상을 변화시키려 한다. 물질만능주의에 빠진 우리 사회를 교육하기 위해 세력을 모으는 것이다. 문화·예술·금융을 아우르는 토크쇼를 추진하고 있다. 금융행복지수 개발, 금융윤리 기준과 행동 강령에 대한 지표개발, 금융권의 전문윤리 자격증 제도 등을 도입해 올바른 사회로 리드하려 하고 있다.

정 의장은 "20대 청년들이 스스로 장벽을 만들고, 자신의 역량을 낮추어 평가하지 않았으면 좋겠다. 개인의 역량은 40대 이후라고 생각한다. 현실적인 자기의 위치를 미리 가늠하고 자신의 꿈을 포기하지 않았으면 좋겠다."라고 이야기한다. 이처럼 자신이 생각하고 있는 것, 하고 싶은 것을 달성하기 위해 주위의 전문가 등 세력을 만들어 가는 것이 성공의 지름길이 되고 있다. 더 이상 조직의 시대에 의지하지 말라. 필요하면 세력을 만들면 된다.

마지막으로 영향력이 얼마나 있는지다. 빌게이츠는 성공의 의미를 "주변 사람들을 행복하게 해주는 것과 다름을 만들어 내는 것"이라고 말했다. 이렇게 하기 위해서는 강인한 영향력을 발휘해야 한다. 조직의 시대에서는 성공 기준을 '돈'으로 판단했다. 학벌이나 권력도 결국 '돈'을 많이 벌기 위한 수단이었다. 이렇다 보니 실패로 가는 경우가 많다. 자신의 이익만 추구함으로써 다른 사람을 힘들게 만드는 것은 성공이 아니다. 자신의 영향력으로 다른 사람을 이롭게 할 때 더 크게 성공한다. 성공적인 삶을 살아가는 사람들은 다른 사람들이 할 수 없는 강력한 영향력이 있다. 그 영향력은 다른 사람에 대해 관심을 갖고, 관찰하고 관계를 중시하며 지속적으로 자신을 노출할 때 나온다.

성공은 속도가 아닌 방향이 중요하다. 성공에 대한 간절함과 성공할 수 있다는 자신감으로 무장해야 한다. 그리고 다른 사람을 바꿀 수 있는 영향력을 갖춰야 한다. 그렇지 못하면 다른 사람의 영향력에 흡수된다. 판을 뒤흔드는 것은 '영향력'이다. 자신의 인생관이나 가치관에 맞추어 좋아하는 분야, 하고 싶은 일을 기반으로 꾸준하게 노출할 때 영향력이 만들어 진다.

법륜 스님에게 물었다. "성공이란 무엇입니까?" 그러자 "자기가 좋으면 성공이다. 자기가 만족하면 성공이다"라고 답변했다. 사람은 성공을 꿈꾸며 살아간다. 그러나 성공의 모양, 색깔, 온도는 천차만별이다. 이제 성공의 방정식을 바꿔야 한다. 남 눈치를 볼 필요가 없다. 스스로가 만족하는 상태에 몰입하면 된다.

어떻게 하면 행복하게 살 수 있을까?

우리나라의 2017년 OECD '웰빙 지수(BLI: Better Life Index)'는 38개 국 중 29위였다. 소득이 증가하고 사회적 여건이 개선되었지만 행복하지 못한 이유는 무엇일까?

전문가들은 소수의 승자가 많은 패자를 만들어내는 경쟁구조 때문이라고 한다. 다시 말해 성공에 대한 가치가 획일화되었기 때문이다. 소위 SKY라는 명문대 출신이 대부분의 지도층을 점유하고, 수도권과 서울, 서울에서도 강남 지역이 모든 것을 독식하는 구조다. 특정 지역에 거주하는 것만으로도 출세, 부의 축적 등 각종 혜택을 누리고 있다. 사회는 불평등하고 서열화되었다. 그들의 리그에 있지 못하면 신분 상승하기가 어렵게 되어가고 있다.

왜 사냐고 물으면 대부분의 사람들은 행복하기 위해서라고 대답한다. 그러면서도 행복이 무엇인지 잘 모르고 살아간다. 인생의 과정마다 자신에게 다가오는 행복의 느낌들은 다르다.

삶은 하나님이 내려주신 하나의 거대한 축제다. 그 축제 속에서 즐기다 가는 사람이 있는가 하면 다른 사람의 축제만 구경하다 가는 사람도 있다. 하루하루를 축제 속에서 사는 사람은 행복하다. 개인의 시대에는 어떻게 하면 행복하게 살 수 있을까?

첫째, 내가 노출하는 흔적으로 하루를 축제로 만들어라. 삶을 축제처럼 살아가는 게 행복이다. 사람은 축복을 받고 태어난다. 그러나 성장하는 과정에서 수많은 역경을 맞이한다. 삶을 축제로 만들기 위해서는 내면의 세계를 끊임없이 밖으로 노출해야 한다. 매일 반복해서 습관으로 만드는 것이다. 습관이 되면 노출이 노출을 낳는다. 끌림이 있는 노출도 중요하다. 끌림 있는 노출은 대중을 당신의 콘텐츠에 지속적으로 참여하게 만든다. 노출을 통해 당신은 누구에게나 접근해서 행복을 전달할 수 있다.

둘째, 노출을 통해 스토리로 만들어라. 스토리가 있는 삶이 대중을 끌어들인다. 스토리가 있는 삶이 행복을 준다. 우리는 태어나는 순간부터 적자생존의 논리에서 살아간다. 무언가를 달성하기 위해서 치열하게 경쟁한다. 물론 경쟁이 잘못된 것은 아니다. 경쟁을 통해서 내면에 있던 가능성이 발현되기도 하고, 경쟁을 통해 의미 있는 성취도 얻을 수 있다. 그러나 경쟁에 함몰되면 내가 누구인지 그리고 행복을 누릴 여유조차 허락되지 않는다. 자신의 스토리가 없기 때문이다. 자신이 만들어가는 스토리는 유일한 것이어서 그 자체가 경쟁력이 된다. 내면에 잠자고 있는 스토리는 의미가 없다. 지속적인 자기 노출이 쌓이면 스토리가 된다.

행복지수가 높은 사람은 남의 시선을 의식하지 않으며, 남을 이기기 위해 살지도 않는다. 물질보다는 가치를, 타인보다는 자신의 내면을 존중하며 끝없이 노출한다. 스토리를 만드는 삶을 산다. 경쟁을 의식하지도 자신의 스토리를 만들어 가기 위해 남을 무시하거나 짓밟지도 않는다. 오로지 행복을 위해 스토리를 만들어 갈 뿐이다.

마지막으로 소유하는 삶보다 의미 있는 삶이 되라. 사람은 나이가 들어서가 아니라 의미를 잃었을 때 늙어가는 것이다. 의미 있는 삶이란 어떤 일을 할 때 행복을 느끼는 삶이다. 내가 하는 일이 아무리 위대하더라도 거기서 행복을 느끼지 못하면 의미가 없다.

'카르페 디엠(Carpe diem)', '아모르 파티(Amori fati)', '메멘토 모리(Memento mori)'라는 라틴어가 있다. 카르페 디엠은 '현재를 잡아라.'는 의미다. 사랑하는 사람을 찾아 그리고 인생의 마지막 날인 것처럼 살아라. 즉 지금 이 순간을 즐기라는 것이다.

아모르 파티는 '네 운명을 사랑하라.' 이다. 여기서 말하는 운명은 인생에서 벌어지는 모든 일을 말한다. 고통과 상실, 사소한 것과 중대한 일, 좋은 것과 나쁜 것을 모두 포함한다. 운명을 사랑하라는 것은 이것들을 받아들이고 인정하라는 의미지만, 운명에 굴복하거나 순응하라는 의미와는 정반대의 뉘앙스다. 자신의 인생에서 벌어지는 일에 대해 도피하거나 수동적으로 대하지 말고 능동적이고 적극적인 자세로 이를 인식하고 책임지면서 진정한 삶의 주체로서 후회하지 않는 삶을 살라는 의미다.

메멘토 모리는 '죽음을 기억하라.'이다. 언젠가는 죽는다. 그러니 '겸손하게 살아라.'는 의미다. 당신은 언젠가는 죽을 것이니 살아있는 지금 이 순간을 소중히 하고 당신이 처한 운명을 받아들이라는 것이다.

소유에 방점을 둔 삶은 다른 사람을 의식할 수밖에 없고, 경쟁에 함몰될 수밖에 없다. 그런 굴레에서 벗어나기 위해서는 후회하지 않은 삶을 살아야 한다. 돈, 권력, 명예를 얻어야 성공한 것이 아니다. 행복해야 성공한 것이다. 좋은 노출을 많이 하는 사람이 행복하다. 개인의 시대에는 노출하기 좋아하는 사람이 행복하다. 몸을 아름답게 하는 몸짓의 노출, 품격 있는 삶을 견인하는 감정의 노출, 경험과 체험을 전달하는 지식의 노출, 삶을 변화시키는 생각의 노출이 행복을 가져온다. 행복을 관리한다는 것은 그 사람의 노출 쌓기를 강화하는 일이다.

사람들이 일하고 돈을 버는 이유는 행복하게 살기 위해서다. 진정한 성공은 행복한 사람들에게서 나온다. 이나모리 가즈오 회장은 "행복하고 가치 있는 인생을 살려고 일한다."라고 말했다. 성공한 사람이 행복해지는 것이 아니라 행복한 사람이 성공한 것이다. 아무리 많은 부를 축적해도 행복을 느끼지 못하면 성공한 사람이 아니다. 행복한 사람은 삶을 축제처럼 산다. 자기주도적인 생각으로 자신을 무한 노출할 때 축제처럼 산다. 개인의 시대에는 노출이 자아실현과 행복한 삶을 영위하는 도구가 된다.

경쟁을 뛰어 넘는 삶의 방정식은?

우리 사회는 획일적인 경쟁사회다. 선택지가 다양하지 않아 모두 한 쪽으로 쏠려 있다. 대학도, 취업도, 결혼도 그렇다. 대학도 서열화 되어있고, 직업도 공무원, 판검사, 의사, 대기업 사다리 아래 다른 직업의 사다리가 놓여있다.

이렇다 보니 학생들은 점수를 높이기 위해 획일적인 주입식 교육을 받으며 줄 세우기를 강요받고 있다. 성적이 낮은 학생은 사회에 나오기도 전에 스스로 실패자로 낙인을 찍는다. 청년들은 좁은 취업문을 뚫기 위해 무한 경쟁에 내몰리고 있다. 이력서에 한 줄이라도 더 올리기 위해 스펙 쌓기에 많은 돈과 시간을 들인다. 한편으로 부의 대물림 등 출발선부터 공정하지 못한 사회에 절망하기도 한다. 직장인도 언제 밀려날지 몰라 불안하다. 은퇴한 이들도 마찬가지다. 일정한 소득 없이 자신의 건강과 부양가족을 챙겨야 한다. 말 그대로 일생 동안 경쟁 속에 있다. 우리 국민은 경제수준에 비해 개인이 느끼는 행복의 정도는 낮다. 사람들은 치열한 경쟁에 살아남기 위해 필사적으로 노력하다 보니 행복을 느낄 여유가 없다. 경쟁은 필연적인 것인가?

경쟁사회는 삶의 저하, 자존감의 훼손, 우울증, 폭력, 자살 등 많은 폐해를 낳는다. 경쟁은 조직 또는 사회를 파괴하기도 한다. 한 사람의 인생을 파탄에 이르게 하기도 한다. 경쟁을 뛰어 넘을 삶의 방정식은 없을까? 조직의 시대에 낡은 틀을 벗어나 힘차게 차오를 그 무엇은 없는가?

첫째, 자신만의 경쟁력을 갖추는 것이다. 어떻게 할 것인가? 경쟁하지 않는 것이 경쟁을 넘어서는 길이다.《내가 직업이다》의 저자 구본형은 "가능하면 다른 사람들과 경쟁하지 마라. 대신 유일한 경쟁 상대는 자신이다."라고 말했다. 개인의 시대에는 개인이 직업을 만든다. 개인이 하는 일 하나하나가 직업이 된다. 직업의 개인화 시대가 열린 것이다.

개인이 하는 일이 직업이 되기 위해서는 자신이 하는 일을 체계적으로 노출하여 성과를 만들어야 한다. 진정한 자기를 노출하는 사람은 사회를 변화시키고, 새로운 비즈니스를 만들고, 일자리를 만든다. 개인의 시대에는 이미 만들어진 자리에서 싸우는 경쟁은 의미가 없다. 불필요한 소모전만 있다. 틀에 짜여진 직장이라는 울타리를 나와서 더 즐겁고 행복한 삶을 살기 위해서는 자신만의 노출로 퍼스널 브랜딩해야 한다.

둘째, 교육이 변해야 한다. 우리나라 교육은 주입식 교육에 성적으로 줄 세우는 교육을 한다. '서울포럼 2018'과 서울경제신문이 국내 교육 전문가를 대상으로 조사한 한국 교육의 문제는 획일적인 지식 주입 방식의 교육 과정(46.7%), 낡은 교육 과정(20%), 인성 교육 부족(10%), 사교육 심화(16.7%)로 나타났다.

우리나라 학생들은 시험 성적은 높지만 경쟁력은 OECD 꼴찌 수준이라고 한다. 선진국들은 창의력과 문제해결 중심 교육을 하는데 우리나라는 많은 시간을 학교와 학원에서 지식을 암기하느라 시간을 낭비한다. 우리나라에서 우선적으로 길러야 할 역량은 문제해결 능력(50.6%), 소통능력(16.7%), 협동심(16.7%), 창의력(10.0%), 지식습득능력(3.3%) 등이라고 한다. 무조건 외우면 이기는 주입식 교육으로는 해결할 수 없다. 단순히 암기한 지식으로 점수를 매겨 서열화 하는 교육은 폐지되어야 한다. 대학의 서열화도 마찬가지다.

개인의 시대에 진정한 교육은 암기한 내용을 평가하는 게 아니라 자기 생각을 쓰도록 하는 것이다. 한 현상에 대해서도 여러 가지 문제가 있고 답이 있다. 조직의 시대에 우리 교육은 교과서를 암기하고 주어진 문제를 반복학습해 익히면서 실수하지 않는 방법을 습득하는 구조다. 실수하지 않으면 우수한 학생으로 평가 받는다. 정해진 답을 요구하는 시험은 개인의 시대에 의미가 없다. 학생들의 머릿속에 있는 다양한 생각들을 꺼내 그것을 평가해야 한다.

셋째, 직장이 변해야 한다. 우리 기업은 리더십, 창의력, 기술력 등 국제적 역량이 약화되어 가고 있다. 미국, 일본, 유럽 등 선진국에 밀리고 중국, 인도 등 후발 주자에게 쫓긴다. 직장인들은 자신만의 리그에서 치열한 경쟁에 빠져 바둥거리고 있다. 직장인들은 치열한 무한 경쟁 속에서 살아남기 위해 고군분투하며 살고 있다. 그런 투쟁이 조직을 살리고, 국가를 발전시키는 쪽으로 가면 좋은데 현실은 그렇지 않다. 경쟁에 살아남기 위해서 편법과 줄서기가 만연하다 보니, 진정한 실력자보다는 자기 사람이거나 말 잘 듣는 사람이 우대 받는다.

따라서 기존 세력에 안주해 애벌레처럼 웅크리고 사는 사람들이 많다. 진짜 실력 있고 도전적인 사람은 이런 현실에 좌절해 조직을 떠난다. 결국 조직은 무너져 간다. 공정한 인사 문제를 해결하기 위해서는 공공기관뿐 아니라 국가의 기간산업에 해당하는 기업은 기관장이나 사장을 직원들이 직접 선거해 뽑아야 한다. 진정한 경영철학과 실력이 검증된 사람이 CEO가 되어야 한다. 그렇지 않으면 무능한 인력이 측근들을 내세워 조직역량을 망가뜨린다. 임원급에 해당하는 고위 간부들은 인사청문회를 통해 선별해야 한다.

마지막으로 국가와 사회가 대대적으로 변혁해야 한다. 우리나라가 초고도의 경쟁사회가 된 이유 중의 하나는 많은 자원이 서울과 수도권에 집중되었기 때문이다. 경제, 문화, 사회, 교육, 권력

구조 등이 모두 서울과 수도권으로 쏠려 있어서 경쟁이 가속화되었다. 수도권은 과밀해지고, 지방은 갈수록 빈곤해지고 있다. 이에 대한 해결 방안으로 행정구역의 재편을 제안한다. 행정구역을 1000만 명 단위로 5개 주(州)로 나누는 것이다. 서울-경기-강원도 일부-충청도 일부를 3개 주로 분리하고, 강원도 일부-충청도 일부-전북 일부-경상북도를 1개 주로 그리고 전라도 일부와 울산-부산-경남-제주를 묶어 1개 주로 만드는 것이다. 중앙 정부는 국방·외교·안보·국가 전략 등 최소한의 권한만 가지고 인사·예산 등 모든 권한을 주정부로 이관한다. 국회도 중앙정부 국회의원은 최소한의 인원으로 줄이고, 주 의회로 모든 권한을 넘긴다. 현재의 시도의회를 주 의회로 격상해 권한을 부여한다. 중앙정부의 조직도 주정부에 이관하고 공무원 인력 충원도 주 단위로 주 내에 거주하는 인력으로 뽑도록 한다.

다음으로 서울에 있는 TOP 10 대학을 각 2개씩 거점 주별 지역대학과 연합해 연합학위를 주도록 통폐합한다. 각 거점에서도 TOP 10 대학의 연합 지역 대학에서 공부해도 동일한 학위를 주는 것이다. 주별 연합대학은 학사·행정·연구 제도를 공유하고 같은 수준의 교육이 이루어지도록 제도를 개선한다. 그리고 각 주에 속한 연합대학별 특성화를 통해 경쟁력을 유지하도록 한다.

또 하나는 TOP 10 기업을 각 주당 2개씩 선정하여 이전하는 것이다. 이 기업들을 중심으로 각 주의 산업 생태계를 만들어 산업을 이끌어가도록 한다. 전국 어느 지역에 살아도 경제, 문화, 교육, 사회복지에서 소외되지 않도록 한다. 우리 사회가 기존의 틀을 유지하는 한 우리의 삶(학교-직장-사회)은 경쟁의 수렁에 빠질 수밖에 없다. 갈수록 삶은 힘들어진다. 행복지수는 계속 떨어진다. 지금처럼 학력과 학벌이 개인능력 평가의 기준인 한 그리고 입시경쟁에서 이겨야만 어엿한 사회인으로 대접받는 한 교육은 바뀌지 않을 것이다. 조직의 시대에서처럼 구성원의 본질이 무시되고 공정하지 못한 인사제도가 있는 한 조직의 경쟁력은 점점 쇠퇴해 갈 것이다.

역사적으로 인류는 경쟁과 협력이라는 두 가지 원심력과 구심력의 순환으로 발전해 왔다. 그러나 우리나라는 경쟁에 방점을 두는 사회로 급속하게 변해왔다. 그렇다 보니 경쟁의 악순환이 반복되고 있다. 다른 사람과 협력을 위해 손을 내밀 여유가 없다. 사회는 이미 오래된 성공의 방정식이 자리 잡고 있어 쉽게 바뀌지 않을 것이다. 그러나 한 줌 희망은 있다. 자신의 것을 노출하면 된다. 개인의 시대에는 자신의 경쟁력은 남이 만들어주는 게 아니라 자신의 노출에 의해 만들어진다. 남의 것은 남의 것일 뿐이다. 남의 것을 흉내 내는 것은 경쟁력이 아니다. 그리고 치열한 경쟁을 뚫을 수도 없다.

06

어떻게 돈으로부터 독립할 수 있나?

행복한 삶을 살기 위해서는 평생 살아가는 데 필요한 돈을 가능한 빨리 모으는 것이 좋다. 돈으로부터 자유로워야 자신이 하고 싶은 일을 할 수 있기 때문이다. 즉, 돈의 노예가 되지 않는다. 돈의 노예가 되지 않기 위해서는 자신의 움직임이 돈이 되게 살아야 한다. 남이 시킨 일을 통해서 돈을 버는 게 아니라 자기 스스로 움직임 속에서 돈을 벌어야 한다. 돈이 자기에게 오도록 돈의 흐름을 바꿔놓아야 한다. 어떤 사람은 일을 통해서 돈을 벌지만 어떤 사람은 움직임을 통해서 돈을 모은다.

2002년 노벨경제학상 수상자인 대니얼 카너먼(Daniel Kahneman) 교수는 "돈으로 어느 정도 행복을 살 수 있다. 소득이 올라갈수록 행복감은 높아진다. 돈을 벌고 주머니 사정이 나아지면 그만큼 행복감도 높아진다. 단, 일정 정도까지만 돈과 행복이 밀접한 관계가 있다."라고 말했다. 돈이 없으면 사람들과 관계를 형성하기 어렵다. 그러나 돈이 많으면 정확히 말해 돈을 제대로 쓰면 사람들이 모이게 된다. 그러면 행복지수가 올라간다.

돈이 얼마 정도 있으면 행복할까? 어느 정도 돈이 있어야 돈에서 자유로울 수 있을까? 어떤 사람은 자신이 필요로 하는 것을 다 살 수 있는 상태라고 말한다. 또 어떤 사람은 돈에 구애받지 않고 무엇이든 할 수 있는 상태라고도 한다. 어떤 사람은 빚 없이 편안하게 살 수 있을 정도면 된다고 한다. 사람들의 돈에 대한 욕망은 끝이 없다. 성공은 돈을 많이 버는 것이라고 이야기하는 이유이기도 하다. 자본주의 사회는 돈을 많이 벌어야 성공한 사람이라는 방정식이 견고하게 있다. 그러나 성공했다고 해서 모두 행복한 것은 아니다. 오히려 성공 때문에 자신을 희생함으로써 불행한 경우도 있다.

행복한 삶을 살기 위해서는 독립해야 할 세 가지가 있다. 첫째, 체력(體力)으로부터의 독립이다. 아무리 돈이 많아도 건강을 잃으면 소용이 없다. 40대 이후부터는 자기 체력을 지속적으로 관리한 사람과 그렇지 않은 사람의 격차가 벌어진다. 나이가 들어도 날씬한 몸매를 유지하며 젊고 건강하고 밝게 사는 사람이 있는가 하면 그렇지 못한 사람도 많다. 건강한 체력이 경쟁력인 시대다. 경쟁력이 곧 돈인데, 이를 유지하기 위해서는 자신에게 맞는 운동을 꾸준히 하고 음식을 조절해야 한다.

나는 체력을 위해 규칙적으로 운동한다. 아침에 일어나면 1시간 정도 스트레칭과 근력운동을 한다. 근력운동은 팔굽혀펴기(60도 각도)를 기본으로 하루에 360회 정도 한다. 또한 아령 8kg짜리 두 개로 팔 운동을 자세를 바꿔가며 500회 반복한다. 스트레칭은 발 뻗어 걷기, 몸통 돌리기, 허리 돌리기, 어깨 돌리기, 목 돌리기, 팔 벌리기 등 1000회를 반복한다. 그리고 점심 식사 후 30분 정도 걷는다. 매주 토요일은 강도 높은 산행을 한다. 이렇게 한 지가 벌써 10년이 되었다.

둘째, 지력(智力)으로부터의 독립이다. 지력이란 단순히 지식을 쌓은 것이 아니다. 지혜로운 사람이 되는 것이다. 지력에는 학위, 자격증, 직업 등 외적인 면과, 마음가짐, 에티켓과 같은 내적인 면이 있다. '꼴을 제대로 갖춰라.'는 말이 있다. 여기서 꼴이란 사람의 됨됨이다. 지력을 가진다는 것은 사람으로서 됨됨이가 있다는 것이다. 아무리 돈이 많고, 체력이 좋아도 됨됨이가 없다면 관계를 망가뜨린다. 우리 사회에는 이런 사람들이 의외로 많다. 지력으로부터의 독립이란 외적인 면을 기본으로 하고 삶의 모습을 제대로 하고 멋지게 사는 것이다. 만나면 느낌이 좋은 사람, 만나고 싶은 사람을 말한다.

마지막으로 재력(財力)으로부터 독립이다. 사람이 살아가는 데 돈은 중요하다. 돈을 벌기 위해 사는 지도 모른다. 그러나 돈을 벌기 위해 평생 일만 하며 살아서는 안 된다. 일정한 나이가 되면, 돈에서 독립해야 한다. 체력이나 지력은 어느 정도 노력과 마음가

짐으로 컨트롤할 수 있다. 그러나 돈을 버는 일은 자신의 컨트롤만으로 되지 않는다. 재력으로부터 독립하기 위한 전략을 만들어야 한다.

재력으로부터 독립 선언을 하려면 어떻게 해야 하나? 첫째, 삶의 키워드를 성공에서 행복으로, 성공에서 성장으로 바꿔라. 지금까지 성공하지 못하면 실패한 인생, 행복하지 못한 인생이라고 생각했다. 성공과 행복은 관점이 다르다. 성공은 다른 사람이 인정해야 하지만 행복은 자신이 인정하면 된다. 노력에 대한 보상은 성공이 아닌 성장이다. 성공이 아니면 실패가 아니다. 성공하기 위해서 노력함으로써 사람들은 한 단계 성장해 간다. 성장해 가는 것에서 행복을 찾아라. 성장하다 보면 성공에 이른다.

둘째, 자신의 잠재력을 폭발시켜라. 일을 놀이로 바꾸고 놀이가 돈이 되게 하라는 이야기다. 북유럽 창업의 신이라 불리는 마틴 베레가드(Martin Bjergegaard)는 "사람들은 피곤한 삶이 높은 연봉을 가져다준다고 생각하지만, 진짜 돈을 버는 법은 자신이 가진 잠재력을 폭발 시키는 것이다."라고 했다. 자신이 하고 싶은 일을 해야 잠재력이 폭발한다. 그리고 그것이 다른 사람에게 이익이 되면 돈은 저절로 들어온다.

강향숙 '제이에스투어 트레킹여행' 대표는 세계 여행 버킷리스트를 30대에 이뤄냈다. 69개 나라를 방문했다. 1년 1회 개인 해외여행을 떠나 1년 중 반을 해외에서 보내며 '영화보다 더 영화처럼' 살고 있다. 다른 사람들은 해외여행을 가기 위해 돈을 벌지만 강 대표는 자신이 좋아하는 여행을 통해 돈이 저절로 들어오게 만들었다. 지금도 강 대표는 해외로 트레킹을 다니고 있다. 자신이 가장 좋아하는 여행이라는 잠재력을 폭발시킨 것이다. 돈 버는 일을 염려하지 않아도 된다. 여행을 할 때, 강 대표에게 도움을 받는 사람들이 돈을 지불한다. 강 대표는 자신의 놀이를 통해 행복을 찾을 뿐이다.

마지막으로 노출된 자신만의 스토리가 있는 삶으로 지속 가능한 수입원을 확보하라. 스토리가 있는 삶은 자신을 풍요롭게 하고 다른 사람을 유혹할 수 있는 힘이 있다. 100세가 넘은 김형석 철학자는 "성공한 삶이란 돈을 많이 벌고, 높은 지위에 오른 사람이 아니라 나이가 들어서 자신을 찾아주는 사람이 많은 사람이다."라고 말했다. 스토리가 있어야 주위에 사람이 모인다. 스토리는 꿈이 될 수도 있고, 소명이 될 수도 있고, 어떤 가르침(도움)이 될 수도 있다. 스토리가 있는 삶은 누군가에게 등대가 되어준다.

돈으로부터의 독립은 시간과 전략이 필요하다. 돈에서 자유로워지기 위해서는 삶 전체를 길게 바라보고 전략을 세워야 한다. 전략은 어떻게 세우는가. 다음 두 가지 질문에 대해 답해야 한다. 하나는 '당신은 10년, 20년, 30년 후에 어떤 스토리를 남기시겠습니까?' 다른 하나는 '당신이 만들고자 하는 스토리를 위해 지금 무엇을 하고 있습니까?'다. 당신이 만든 스토리가 누구에게는 위로가 되고, 누구에게는 꿈이 되고, 누구에게는 돈이 된다. 그러다 보면 자기도 모르게 그 스토리가 수익 모델이 되어 돌아온다.

소설가 김홍신은 "인생은 돈 벌고 일하다 가는 곳이 아니라 놀다 가는 곳이다."라고 말했다. 돈의 노예가 된 삶을 살아가는 것은 불행한 일이다. 우리에게 주어진 80~90년의 시간은 짧다. 돈 버는 것으로 인생을 낭비하지 마라.

07

노출로 직업 관점을 바꿀 수 있나?

경희대학교에서 2019년에 철학자 김형석 교수님의 강의를 들었다. 강의 주제는 '50대의 자화상을 그려라'였다. 30세가 되기 전에 50대가 되면 무엇이 될지 자신의 미래 모습을 그리라는 것이다. 100세 시대가 도래했다. 60세에 정년퇴직을 해도 40년을 더 살아야 한다. 김형석 교수님은 50대 이후에 성공한 사람은 돈을 많이 벌고 지위가 높은 사람이 아니라 자신을 찾는 사람이 많은 사람이라고 했다. 소명 있는 삶을 추구하고 국가와 이웃을 위한 마음을 가지고 살라 한다. 그리고 삶을 천천히 멀리 보라 했다.

100세 시대에 어떤 일을 해야 할까? 지구상에는 수많은 직업과 일거리가 있다. 사람들은 직업을 통해 돈을 벌며 살아간다. 남이 만들어 놓은 일은 오래가지 못한다. 그 일을 만든 사람이 그만두라고 하면 끝이다. 개인의 시대에는 남이 만들어 놓은 일을 하는 게 아니라 스스로가 일을 만들어야 한다.

사람들은 어떤 형태든 일을 하며 살아간다. 문제는 어떤 일을 하며 누가 일의 주체냐다. 자신이 주체적으로 하면 '일'이다. 그러나 누군가가 지시한 것을 따르는 것은 '업무'다. 주체성을 가진 일은 자신이 마음먹은 대로 지속할 수 있으나 업무는 인력의 대체가 가능해 지시자가 요청하면 그만두어야 한다.

일의 형태도 장사와 사업으로 분류할 수 있다. 장사는 내가 노동을 해야 돌아가는 일이고, 사업은 가만히 있어도 돌아가는 일이다. 장사를 할 것인가 사업을 할 것인가는 전적으로 자신에게 달렸다. 일하는 장소도 직장과 일터로 구분된다. 직장은 회사 등 구체적으로 소속이 되어 있는 장소이고, 일터는 언제 어디서든 내가 일하는 곳이다. 주체적이고 지속적이고 의미 있는 삶을 살기 위해서는 '업무'가 아닌 '일'을, '장사'가 아닌 '사업'을, '직장'이 아닌 '일터'가 있어야 한다. 그러나 대부분의 사람들은 반대의 삶을 살아가고 있다. 다른 사람이 만들어 놓은 업무, 직장을 따라 자신을 맡기는 인생이다 보니 재미와 의미를 찾지 못한다.

개인의 시대에는 일에 대한 개념이 바뀌었다. 미래의 사무실, 공장, 창고, 마트, 교통수단 등에 사람이 없어도 된다. 인공지능과 로봇의 발달로 기계가 일하는 시대다. 더 이상 무엇인가 하기 위해 사람을 뽑을 필요가 없다. 우리나라 미래준비위원회는 "미래의 일자리 환경은 개인과 기업이 네트워크로 연결되어 필요할 때마다 구인·구직하는 형태로 바뀔 것"이라고 전망했다. 일자리에 대한 의미가 '평생직장'에서 '평생직업'으로, 직업 개념 또한 조직 중심(Organization)에서 개인 중심(Personalization)으로 변한다는 얘기다.

기업들도 정규직보다는 필요에 따라 전문 비정규직(프리랜서)을 활용하는 쪽으로 가고 있다. 개인도 더 이상 한 조직에서 일하는 것을 선호하지 않는다. 자신의 고유한 전문성을 기반으로 한 N잡을 선호할 것이다. 정해진 직장으로 출근하는 인력이 줄어들고 있다. 개인들은 자신이 좋아하는 일을 하면서 자신을 필요로 하는 기업과 연결되어 계약된 기간만큼 일하면 된다. 각자의 능력에 따라 지급되는 돈은 가치에 따라 천차만별이 될 것이다.

이런 변화의 물결 속에서 평생 생계 걱정하지 않고, 일에 대한 만족감을 통해 삶의 풍요를 누리며 살아가려면 어떻게 해야 하는가.

첫째, 스펙에 매달리지 말라. 개인의 시대에는 학력 중심 즉, 스펙 중심사회에서 능력 중심 사회로 패러다임이 변한다. 소위 명문대 출신이라고 직업이 보장되지 않는다. 공공기관을 중심으로 블라인드 채용이 확대되고 있다. 민간기업까지 점차 적용될 것이다. JYP 박진영 대표는 "직업은 꿈이 아니다. 어떤 가치를 전파하고 싶은지가 꿈이라면, 직업은 가치를 이루기 위한 수단이다."라고 이야기 했다. 틀에 갇힌 사람은 과감하게 도전하지 못한다. 창의적인 생각을 하는데도 한계가 있다. 이제 스펙 쌓기에 시간을 보내지 말고 자기가 잘하고 좋아하는 영역을 찾아 역량을 개발할 때다.

둘째, 플랫폼 일꾼이 되어라. 플랫폼 비즈니스를 잡는 자가 승리한다. 플랫폼 비즈니스는 오프라인에서 해결하기 불편한 다양한 욕구를 온라인을 통해 해결해준다. 연결점 비즈니스라고도 한다. 소비자와 생산자를 연결해주면서 중간에서 수수료를 받아 수익을 창출한다. 빅데이터, 인공지능, 전자화폐, 소셜 네트워킹 등 디지털을 접목한 온라인 플랫폼이 기반이 된다. 개인의 시대에 노동은 일하는 시간, 장소를 내 맘대로 정하고 모였다 흩어지는 일자리로 확산될 것이다. 정규직과 비정규직의 의미가 없어진다. 플랫폼을 통해 필요한 인력이 연결되어 만나고 흩어질 뿐이다.

셋째, 직업 창출자가 되어라. 조직의 시대에는 일자리를 기업이 만들고 직원을 채용했다. 그러나 개인의 시대에는 일자리를 자신이 창출한다. 기업이 만든 일자리는 언제든지 사람을 대체할 수 있다. 일자리를 차지하는 데 그리고 유지하는데 치열한 경쟁을 해야 했다. 그러나 개인의 시대에는 자신이 일자리를 창출할 수 있다. 자신이 만든 일자리는 그 어느 누구도 대체할 수 없으며 부가가치(시간 투입 대비 수익)도 높다.

마지막으로 평생직업을 설계하고 탐색하라. 평생직업이란 한 사람이 생활을 위해 평생 동안 하는 경제활동을 말한다. 쉬운 일은 아니다. 개인의 시대에는 직업 선택의 기준을 바꿔야 한다. 돈, 권력, 명예를 얻는 일에서 재미있고 자신이 좋아하는 일로 바꿔야 한다. 평생직업을 탐색하는데 있어 중요한 것은 '껍데기에 집착하지 않는 것'이다. 외형적으로 멋있어 보이고, 사회적으로 인정받는 것보다 일의 본질을 바라봐야 한다. 시간이 흘러도 지속적으로 할 수 있는 일, 재미가 있고 의미가 있는 일 말이다.

정신의학자 알프레드 아들러(Alfred Adler)는 "사람들은 자기 직업을 통해 자기 존재가치를 느끼게 된다."라고 말했다. 자기 직업을 통해 존재가치를 느낄 때 의미 있는 삶을 사는 것이다. 다른 사람이 주는 일자리와 무관하게 나의 일이 존재해야 의미 있게 살 수 있다. 100세까지 할 수 있는 평생직업을 만들어야 한다.

5장

개인의 시대,
다른 각도에서 바라보자

노출의 흔적이 '나'다

인공지능이 면접을 보고 사람을 평가하는 시대다. 채용 방식이 혁신적으로 변화되고 있다. 조직의 시대는 개인이 자기소개서와 학벌, 스펙 사항을 작성해 원하는 기업에 제출한다. 그러면 인사담당자가 서류를 심사하고 면접을 보고 직원을 뽑았다. 여기에는 몇 가지 문제점이 있었다. 지원 기회의 제한이다. 기업은 시간과 장소의 제약으로 수만 명의 지원자들을 모두 면접할 수 없어서 학벌이나 스펙(어학, 연수, 자격증 등)을 보고 1차 선별해 면접을 봤다. 다수의 지원자들은 면접의 기회도 얻지 못했다. 이렇다 보니 불공정의 문제가 발생했다. 자기소개서나 스펙을 보고 평가하다 보니 개인의 편향성으로 제대로 평가받지 못하는 경우도 있었다. 회사는 진정한 실력자를 놓치고 취업 준비생은 기회 자체를 얻지 못하는 것이다. 또한 시간과 비용이 낭비되는 문제가 발생했다. 기업은 수만 명의 지원자들을 심사하기 위해, 지원자들은 자기소개서를 쓰고 스펙을 쌓고, 면접을 보기 위해 학원을 다니며 시간과 돈을 낭비했다. 그렇다고 역량을 제대로 평가받는 것도 아니다. 개인의 시대는 일과 관련한 개념이 바뀐다.

첫째, 듣지도 보지도 못한 일거리가 생긴다. 매일경제신문의 조사에 따르면 1)정형화된 업무의 자동화 2)근로시간, 장소 제약 감소 3)단기 프로젝트형 일자리 증가 4)근로자간 글로벌 경쟁 5)문제해결 능력 기술을 갖춘 근로자 선호 6)네트워크 기반 업무수행 등이 기존의 일자리를 혁신적으로 바꿀 것이라고 했다. 지금 일자리의 반 이상은 사라질 것이다. 이렇게 되면 기존의 채용 방식으로는 적합한 인력을 선발하는데 한계가 있다.

둘째, 인재상이 '순응자'에서 '도전자'로 바뀔 것이다. 개인의 시대는 보지 못한 세계를 먼저 보는 사람이 유리하다. 조직의 시대에는 정규과정의 학교교육을 받고 스펙을 쌓으면 일자리를 얻을 수 있었다. 특히 명문대학을 졸업하면 수월하게 일자리를 잡을 수 있었다. 패스트 팔로어 기반의 기업들은 그런 인재들을 모아 세계시장에서 어느 정도 경쟁하며 생존할 수 있었다. 그러나 개인의 시대에는 매뉴얼에 갇혀 사는 순응자는 끝났다. 새로운 변화에 적응할 수 있는 '도전자'가 필요하다.

마지막으로 클라우드 워커 시대가 도래할 것이다. 클라우드 워커란 익명의 고용 없는 개인사업자를 말한다. 이들은 플랫폼을 통해 일거리를 찾고 일한다. 우버의 프리랜서 운전사와 아마존 닷컴의 메카니컬 터크(Mechanical Turk) 등이 대표적이다. 클라우드 워커로 남기 위해서는 '창조성'이 있어야 한다. 기업도 창조성 있는 인재를 얼마나 많이 발굴하느냐에 생존이 달렸다. 학교에서 길들여진 획일적인 인재가 아닌 창조성과 도전성을 가진 인재를 찾기 위해 채용방식을 혁신적으로 개혁할 것이다.

개인의 시대에는 통상적인 스펙은 무의미하다. 기업도 인공지능을 통해 서류를 심사하고 면접하는 시대로 가고 있다. 판교에 있는 '마이다스아이티'라는 회사는 2017년에 1만 2천 명의 서류를 받아 1만 명에게 면접기회를 제공하고 30명을 채용했다. 인공지능은 모든 지원자를 면접하고 그 평가를 객관화할 수 있다. 이형우 마이다스아이티 대표는 "4차 산업혁명 시대의 바람직한 경영이란 사람의 본질적 속성을 잘 드러나게 도와주는 것"이라고 말했다. 본질 기반 HR(Human Resources)경영이 필요하다는 것이다. 그는 "생물학적 속성인 본능, 본성, 인성 등이 신뢰, 열정, 전략, 실행이란 신경학적 속성을 통해 사람의 본질을 만들어 낸다."며, "자연의 질서에 따라 사람의 본질을 이해하고, 본질의 속성에 따라 사람을 키워 세상의 행복을 돕는 본질 기반 HR경영이, 좋은 인재를 뽑고 육성한다."라고 말했다.

인공지능을 도입해 인재를 채용하는 이유는 공정하고 효율적이며 채용 과정에서 담당자 개인의 선입견이나 주관이 개입되지 않고 객관적인 평가를 할 수 있기 때문이다. 인공지능 면접은 원하는 시간에 원하는 장소에 캠과 헤드셋이 있고, 인터넷만 연결되면 된다. 면접 장소는 집, PC방, 도서관, 카페 등 다양하다. 헤드셋을 쓰고 모니터를 응시하며 주어진 시간 내에 답변하면 된다.

인공지능 면접은 모든 지원자에게 공정한 기회와 평가를 제공한다. 학벌이나 스펙에 상관없이 최소 한 번은 자기 역량을 발휘할 수 있는 기회를 준다. 그리고 특정 기업과 직무에 딱 맞는 인재들이 면접관의 편향성이나 과대포장한 자기소개서 때문에 탈락할 일이 없다. 데이터를 기준으로 그 회사 특성에 맞는 사람을 매칭하기 때문이다.

개인의 시대에는 스펙이 중요하지 않다. 사고력과 실행력이 필요하다. 사고력과 실행력은 암기에서 나오지 않는다. 개인의 시대에는 창조적인 사람이 좋은 성과를 낼 것이다. 창의력은 사고력과 실행력에서 나온다. 주입식 교육이 기반인 우리나라 교육은 창의적인 인재를 키우지 못하고 있다. 지식을 암기하는 교육제도 아래서는 개인의 시대에 필요한 인재를 만들 수 없다. 개인의 시대에 필요한 것은 창의적 사고, 비판적 사고, 실행력이다.

프레드리크 레인펠트(John Fredrik Reinfeldt) 전 스페인 총리는 "4차 산업혁명 시대에는 안정적인 일자리는 존재하지 않는다. 대기업일수록 앞으로 직면하게 될 '파괴적 변화'에 도태될 가능성이 높다. 무조건 대기업에 취업하겠다는 생각은 버려라."라고 말했다. "기업가 정신, 창업을 북돋우는 게 정부와 기업이 할 일이다. 암기식 교육을 지양하고 비판적 사고를 키워 줄 '코칭'이 필요하다."라고 강조한다.

그러면 개인의 시대에 필요한 창의적이고 비판적 사고와 실행력을 가진 인재를 어떻게 찾을 것인가. 이미 세상은 하나의 거대한 빅데이터로 연결되어 있다. 한 사람 한 사람의 데이터가 세상에 노출되어 있다. 감추려 해도 감출 수 없다. 자신의 데이터를 감추면 세상으로 나갈 수 없다.

기업은 빅데이터를 기반으로 인재를 찾으면 된다. 개인의 시대에는 자기소개서, 학벌과 학점, 형식적인 자격증을 보는 것이 아니라 한 개인이 노출한 데이터를 인공지능을 통해 보면 된다. 개인은 자신을 알리기 위해서 자기소개서를 작성하고, 학점을 따고, 자격증을 따기 위해 노력하기보다 자신의 무엇을 어떻게 노출할 것인가를 고민해야 한다. 즉, 노출하는 삶을 살아야 한다. 노출의 스토리를 보여줘라.

개인의 시대에는 스펙과 스펙의 대결이 아니라 노출하는 사람과 노출하지 않는 사람과의 대결이 될 것이다. 기존의 학벌과 스펙에 기반한 채용에서 노출에 기반한 채용으로 바뀔 것이다. 공간, 시간, 인력의 제한으로 채용시장에서 기회가 박탈되었던 것들이 AI가 들어오면서 모든 사람에게 똑같은 기회를 주고 있다. 평가도 개인적인 편향성에 의지했다면 개인의 시대에는 AI에 의한 공정한 평가가 이루어질 것이다. 누가 더 좋은 학벌을 갖고, 더 많은 스펙을 쌓느냐가 아니라 누가 더 많은 노출을 했느냐가 중요하다. 노출의 흔적이 진정한 '나'이기 때문이다.

02

개인의 시대, '사이'를 잡아라

연예인이 되기 위해서는 수백 또는 수천 대 일의 경쟁의 문을 뚫어야 한다. 설령 그 문을 뚫어도 방송에 출연하고 인기를 얻고 돈을 버는 경우는 소수에 불과하다. 최근 관찰예능의 강세로 '연예인'의 경계가 무너지고 있다. 예능 프로그램에 일반인들이 출연하면서 연예인의 자리를 위협하고 있다. 2017년 'SBS 연예대상'을 수상한 〈미운 우리 새끼〉의 일반인 출연자인 어머니 4인방이 그 사례다. 개그맨 박수홍은 "자신이 28년 노력해도 못한 걸 어머니는 한방에 하셨다."며 축하했다.

4차 산업혁명으로 모든 분야에서 경계가 무너지고 있다. 4차 산업혁명의 핵심인 디지털 트랜스포메이션은 산업간 경계를 허물며 기존의 일자리를 없애고, 새로운 개념의 일자리를 만들고 있다. 인류는 몇 번의 산업혁명을 거치면서 인간에게 편익을 가져오고 새로운 일거리를 만들어 풍요를 얻었다. 지금 인류는 또 다른 형태의 4차 산업혁명을 맞았다.

〈그림 7〉 산업혁명 발전 단계

1차 산업혁명	2차 산업혁명	3차 산업혁명	4차 산업혁명
18세기	19~20세기 초	20세기 후반	21세기 초
증기기관	전기	인터넷, 모바일	AI, IoT
기계 혁명	대량생산 혁명	IT 혁명	만물초지능 혁명
공간(空間)의 간격을 급속히 단축	시간(時間)의 간격을 급격히 단축 (밤과 낮의 구분을 없앰)	인간(人間)의 간격을 없앰 (인간+인간)	물간(物間)의 간격을 없앰 (인간+사물)

1차 산업혁명은 18세기 증기기관의 발명으로 인한 기계혁명이다. 기계혁명은 공간(空間)의 간격을 급격히 단축시켰다. 증기기관은 한 공간에서 다른 공간으로 이동하는 간격을 급격하게 줍혔다. 그리고 열차를 만드는 노동자, 기관사, 열차 정비사, 승무원, 역무원 등 수많은 직업을 만들어 냈다.

2차 산업혁명은 19세기 말에서 20세기 초 전기의 발명으로 인한 대량생산혁명이다. 전기의 발견은 밤과 낮의 구분을 없애 시간(時間)의 간격을 급격히 단축시켰다. 사람들은 24시간 3교대로 일하게 되었다. 전기의 발견은 새로운 형태의 일과 비즈니스가 만들어져 더 많은 사람이 돈을 벌 수 있는 기회를 주었다.

3차 산업혁명은 20세기 후반에 인터넷과 모바일 기술이 발전했던 IT혁명이다. IT혁명은 인간과 인간의 간격을 급속히 좁히며 e-비즈니스, 가상환경 등 수많은 일거리를 만들어냈다. IT는 금융, 사회, 문화, 교육, 경제, 정치 등 모든 분야에서 삶의 양태를 바꿔놓았다. 전 세계에서 일어나는 사건들이 실시간으로 공유되는 시대가 됐다. 인터넷은 면대면이 아닌 비대면 비즈니스를 가능하게 해 시간이 낭비되지 않도록 하고 그 시간에 새로운 곳에 집중할 수 있도록 했다.

4차 산업혁명은 인공지능과 IoT 출현으로 인한 만물초지능 혁명이다. 만물초지능 혁명은 인간과 사물은 물론 사물과 사물간의 간격을 없애 인간에게 또 다른 형태의 편익과 일거리를 제공할 것이다. 다시 말해 4차 산업혁명은 4間(空間-時間-人間-物間) 속에 숨어 있는 '가치'를 플랫폼 위에서 통합하고 융합시켜 해결해 거대한 비즈니스를 창출한다. 4차 산업혁명은 정신, 정치, 경제, 사회, 문화 등 우리의 삶 전반에 걸쳐 광범위한 변화를 가져올 것이다. 또한 개인의 시대를 빠르게 촉진할 것이다.

인류의 역사는 사이(間, 경계, Gap, Between)를 극복하며 발전해왔다. 사이에 존재하는 갭을 극복하면서 문명이 발전했다. 개인의 시대에는 사이에 있는 가치를 재빨리 발견하고 경영하는 자가 세상을 주도할 것이다. 사이를 극복하는 과정에서 많은 편익과 일거리(직업)가 만들어지기 때문이다.

개인의 시대에는 사이를 보는 눈이 있어야 한다. 사이는 인간과 인간, 인간과 사물, 사물과 사물에 존재한다. 이런 사이(Gap)를 보는 눈이 새로운 틀을 만든다. 사람과 사물(자동차) 사이에서 일하는 사람을 기계로 대체하는 사례로 톨게이트 검수원이 있다. 하이패스 장치가 운전자에게 편익을 주고 시간을 줄여주었다. 그러나 톨게이트 검수원은 사라지게 되었다.

인종과 인종 간에는 언어라는 사이(Gap)가 존재한다. 이 언어의 갭을 언어 번역기가 해결해 준다. 사람들은 외국어를 습득하기 위해 수십 년간 시간과 돈을 들여 공부하지만 그 효과는 크지 않다. 언어의 간극을 쉽게 극복하지 못하고 있다. 그러나 번역기가 도입되면서 외국어 공부가 중요하지 않게 되었다. 개인의 시대에 사람들은 이런 무의미한 투자에 올인 하지 않고, 좀더 가치 있는 곳에 투자해야 할 것이다. 중요한 것은 어학을 잘해서 얻어지는 왜곡된 차별화가 없어진다는 것이다. 단지 외국어 하나 잘한다는 이유로 능력을 평가하는 시대는 지났다. 어학 때문에 채용, 인사발탁, 승진, 주요 위치에 오르는 과정에서 차별이 있던 것도 사실이다. 단순 통역사, 번역가 등은 사라질 직업이 되고, 외국어 교육정책도 바뀔 것이다.

또한 자율 주행차의 등장으로 인간과 자동차 사이에 있던 운전자가 사라질 것이다. 운전자가 필요 없어지면서 다른 차원의 일거리가 만들어질 것이다. 물건을 살 때 스마트 페이의 도입으로 점포(사물)와 결제사(사물)간의 단말기(POS)가 사라지게 된다. 즉, 스마트 폰 대 스마트 폰간의 결제가 가능해 단말기가 필요없어져 원가가 절감되고 결제 수수료를 줄이게 되었다.

이런 사이를 극복하는 기술과 비즈니스는 앞으로 많은 분야에서 출현할 것이다. 그 사이에 존재하는 갭을 극복하는 일을 찾는 자가 인간에게 편익을 주고 일거리를 만들어 갈 것이다.

나에게는 연구소를 만들어 인류사회에 공헌하고 수많은 사람을 연결하고, 연결을 통해 가치를 창출하고, 일거리 기회를 만드는 꿈이 있다. 기존의 틀로는 해석되지 않는 연구소와 일거리를 만드는 것이다. 바로 사이를 연구하는 '사이경영연구소'다. 이 연구소를 통해 전 세계에 산재해 있는 각계 각층의 인재를 연결할 것이다. 이를 통해 사이문제, 사이기술을 연구하고, 인재를 개발하고, 사이경영과 관련된 일거리를 만들어 세상에 내놓을 것이다. 연구소의 공간은 물리적으로 존재하지 않는다. 공간과 시간의 제약이 없이 적재적소에 인재를 연결해줄 것이다.

연구원들은 클라우드 워커 형태로 일하며, 재능기부 형태로 운영된다. 일정 수준의 결과물(논문, 과제보고서 등)을 제출하면 심사 후 연구원으로 선정한다. 그리고 자신이 원하는 직책과 직위를 부여한다. 일과 직위를 자신이 정하는 것이다. 그리고 연구소는 인재들을 필요로 하는 곳에 매칭해 준다. 원칙은 모든 것을 자기 스스로 노출하고 만들어 간다는 것이다. 경험이 없는 사람은 경험이 있는 사람과 협업을 통해 경험을 쌓고, 경험이 있는 사람은 그 사람이 가지고 있는 가치를 십분 발휘할 수 있도록 도와준다. 우리 주위에는 나이가 많다는 이유로 자신이 가지고 있는 가치를 써먹지 못하는 경우가 많다. '사이경영연구소'는 사람들의 숨겨진 가치를 밖으로 드러나게 도와주는 곳이다.

개인의 시대에는 일거리를 자신이 만들어야 한다. 그 핵심에 노출이 있다. 노출은 생각이고, 비전이고, 행동이다. 개인의 시대에는 스스로 만드는 자가 차지하는 것이다. 조직의 시대의 문법으로 해석되는 조직과 일을 차지하려고 시간을 낭비하지 마라. 조직의 시대의 문법 즉, 틀을 과감하게 버리고 새로운 문법을 만들고 틀을 짜라. 사이와 사이를 어떻게 노출하느냐가 생존의 문제로 등장할 것이다.

지금까지 인류는 인간이 극복할 수 없는 사이들을 하나씩 발견하고 극복하는 방법을 만들어 왔다. 그 과정에서 새로운 비즈니스와 일자리가 만들어졌다. 사이의 노출은 산업과 산업간 사이, 사적 영역과 공적 영역의 사이, 사람과 사람간의 사이는 물론 사람과 사물간의 사이를 허물 것이다. 사이의 노출을 다른 말로 표현하면 이 틀에서 저 틀로 넘어가게 하는 것을 찾는 것이다. 새로운 틀을 만드는 것이다.

03

노출이 '스타'를 만든다

　사람은 스타 즉, 유명인사가 되고 싶어 한다. 유명인사는 영어로 셀러브리티(Celebrity)이다. 셀럽(Celeb)은 대중에게 주목을 받고 영향을 끼친다. 이 용어는 부를 가진 사람이나 특정한 분야에서 엄청난 인기와 영향을 끼치는 사람을 뜻한다. 대중은 이들을 인정한다. 또한 이들이 갖고 있는 물건이나 행동들은 화제가 되어 크고 작은 유행을 일으킨다. 조직의 시대에는 유명인사는 아무나 될 수 없었다. 좋은 학벌을 가져야 하고, 교수, 변호사, 의사 등 좋은 직업을 가지고 성공해야 매체(기성 TV, 라디오, 신문, 잡지 등)에 나갈 수 있었다. 스타로 진입하는 데도 제약이 많았다. 보통 사람이 스타가 되기 위해서는 장벽이 높았다. 자신을 알릴 수 있는 통로도 부족했다. 그런데 개인의 시대에는 새로운 미디어채널(유튜브,

페이스북, 인스타그램, 트위터 등)을 통해 스타가 된다. 자신을 노출할 수 있는 매체들이 등장했다.

세계 최대 동영상 사이트인 구글 유튜브 요리채널에서 '망치'라는 별칭으로 유명한 에밀리 김(김광숙) 씨. 평범한 가정주부였던 그의 인생은 11년 전 취미 삼아 유튜브에 자신의 오징어볶음 비법을 담은 동영상을 올리면서 180도 바뀌었다. 간단한 조리방법, 알아듣기 쉬운 영어 설명에 재미까지 갖춘 그녀의 동영상은 방문자와 시청자를 사로잡았다. 지금 김 씨는 400만 명에 가까운 구독자와 50만 명의 고정 시청자를 확보한 유튜브 요리 채널의 스타다. 요리학교는 다녀본 적이 없다는 김 씨의 영상 중 최고 인기 영상은 '닭 강정'편으로 650만 뷰를 돌파하기도 했다.

미국에 살면서 열흘에 한 번 새로운 한식 요리법을 동영상으로 제작해 유튜브에 올리는 게 본업이 됐다. 자신의 이름을 건 인터넷 사이트도 운영하고 있다. 그의 채널 구독자는 이제 '살림의 여왕' 마사 스튜어트와 미국의 유명 요리사인 앨턴 브라운, 리 드러먼드, 이너 가튼의 구독자를 합친 것보다 많아졌다. 그녀가 스타가 될 수 있었던 것은 유튜브라는 개인미디어를 통해 한식이라는 콘텐츠를 지속적으로 생산하고 노출했기 때문이다.

개인의 시대에는 김광숙 씨처럼 누구나 스타가 될 수 있다. 자신이 좋아하고 잘하는 분야를 노출할 수 있는 플랫폼이 무료이기 때문에 최소한의 비용으로 자신을 알릴 수 있다. 그러나 무작정 한다고 되는 것은 아니다. 자신을 알리는 방법에도 전략이 필요하다. 개인브랜드 작업을 해야 한다.

이제 내가 좋아하는 일, 꿈을 이룰 수 있는 일, 다른 사람들이 나를 찾게 만드는 일로 개인브랜드화 해야 한다. 세상에 나를 알려야 한다. 상품만 브랜드화 하는 게 아니다. 개인도 브랜드화 해야 한다. 개인브랜드란 나를 한 단어로 표현하는 일이다. 김연아 하면 '피겨여왕'이 생각나듯 말이다. 개인브랜드는 자신이 원하는 분야에서 자신이 원하는 역할을 다른 사람에게 각인시키는 작업이다.

개인브랜드는 어떻게 만들까? 일반적으로 ①탐색하기 ②콘셉트 만들기 ③스토리 만들기 ④알리기 ⑤피드백과 개선의 단계를 거친다. 첫 번째 단계인 탐색하기는 어제, 오늘, 내일의 나를 파악하는 일이다. 자신이 살아온 여정을 돌아보고, 꿈은 무엇인지? 자신의 삶의 목적은 무엇인지? 내가 좋아하는 것은 무엇이고, 잘하는 것은 무엇인지? 자신이 얻은 성과는 무엇이고, 실패한 것은 무엇인지? 다른 사람과 비교해 차별적인 요소는 무엇인지 등을 자기 스스로 살펴보고 정리하라. 그리고 진정으로 하고 싶은 일을 찾아라. 이 때 다음 4가지 사항을 고려해야 한다.

• 나의 꿈을 실현할 수 있는 일인가?
• 다른 사람들에게 영향을 주고 도움을 줄 수 있는 일인가?
• 삶에서 필요로 하는 일인가?
• 내 장점으로 할 수 있는 일인가?

두 번째 단계인 콘셉트 만들기는 자신의 역할(직업, 사명, 소명, 미션)을 찾는 것이다. 즉, '나는 어떤 분야의 어떤 사람이다'를 한 단어로 만드는 것이다. 개인브랜드 콘셉트를 만들 때 다음 3가지가 담겨져야 한다.

- 어떤 근거로(Idea)
- 누구에게 어떤 혜택을 주는지(Target & Benefit)
- 어떤 분야의 어떤 사람(Positioning)인가.

예를 들어 필자의 경우는 IT 분야에서 30여 년간 근무하면서 엔지니어, 사업개발자, 프로젝트 매니저로서 컨설팅과 시스템 개발 등 수많은 프로젝트를 했다. 그리고 많은 사람과 협업하는 과정에서 느꼈던 경험과 노하우를 담은 책을 출간했다. 또한 4차 산업혁명 시대의 도래로 파생되는 융합기술을 활용해 비즈니스 모델을 만들어야 하는데, 경영학 관점에서 기술을 바라보는데 관심이 많았다. 그래서 '사이경영'이라는 경영분야를 세계 최초로 만들어 전도사로 뛰고 있다. 그래서 필자의 개인브랜드 콘셉트를 '사이경영연구가'로 했다.

세 번째 단계인 스토리 만들기는 개인브랜드 콘셉트와 관련된 이야기를 풀어가는 것이다. 끌림의 스토리가 있어야 한다. 삶을 살면서 찾아온 위기 그리고 극복 과정이 담겨있어야 한다. 노력의 과정에서 얻은 성과와 실패에 따른 좌절 등의 이야기가 담겨있으면 더 좋다. 끌리는 스토리 만들기에서는 실행계획서가 있어야 한다. 필자의 경우 '사이경영연구가'로 콘셉트를 설정했다. 그리고 스토리 만들기에서 이 콘셉트를 완성해 갈 계획을 수립하고 매년 실행하고 있다. 그 계획은 아래와 같다. 이것들이 모이면 스토리가 된다.

- 대학교 겸임교수로 강의하기
- 나만의 강의 콘텐츠 만들기
- '사이경영' 관련 논문 발표하기
- 1년에 책 1권 집필하기
- 오프라인 포럼 만들고 실행하기
- 블로그와 페이스북에 주 3회 자료 올리기
- 영감을 위해 유럽여행 하기
- 건강을 얻기 위해 300대 명산 완등 하기
- 학생 및 일반인 대상으로 자기노출 아카데미 개설하기

네 번째 단계는 알리기다. 개인브랜드를 대중 또는 타깃 고객들에게 알리는 활동이다. 온라인과 오프라인 두 가지 방식으로 알린다. 온라인 도구인 페이스북, 인스타그램, 블로그, 트위터 등으로 개인브랜드 스토리를 주기적으로 노출한다. 온라인 활동 못지 않게 자기 분야의 관련자들과 오프라인 커뮤니티에 적극적으로 참석한다. 가능하면 자기가 주도해 커뮤니티를 만들어 사람을 모

으고, 자신의 브랜드를 노출하며 활동하는 것이 좋다.

마지막 단계인 피드백과 개선은 자신의 콘텐츠에 대해서 사람들의 반응(댓글, 덧글, 좋아요 등)을 감지하고 대중과 소통하는 것이다. 즉 대중의 반응을 분석해 이슈가 되는 것과 개선할 콘텐츠를 찾아 반영한다. 개인미디어의 구독자(유튜브), 이웃(블로그), 팔로워(트위터, 페이스북) 수를 어떻게 하면 늘릴지도 전략을 세워야 한다. 개인브랜드의 평가는 대중의 반응에 달려있기 때문에 온오프라인 활동을 동시에 해서 숫자 자료를 올리는 방안을 찾아야 한다. 이 단계가 잘 돼야 해당 분야 전문가로 자리매김하고 스타가될 수 있다.

당신의 노출이 향하는 곳에 당신의 '스타성'이 모인다. 스타는 누가 더 이상 만들어 주지 않는다. 그곳을 향해 포기하지 않고 지속적으로 노출하는 사람이 스타가 된다.

일상이 '삶'이다

산책을 하고 차를 마시고/책을 보고 생각에 잠길 때/요즘엔 뭔가 텅 빈 것 같아/ 지금의 난 누군가 필요한 것 같아/친구를 만나고 전화를 하고/밤새도록 깨어있을 때도/문득 자꾸만 네가 생각나/ 모든 시간 모든 곳에서 난 널 느껴/(중략)/내게로 와줘 내 생활 속으로/ 나와 같이 함께라면 모든 게 새로울 거야/매일 똑 같은 일상이지만/너와 같이 함께라면 모든 게 달라질 거야/ 내게로 와줘…

젊은 나이에 불운하게 세상을 떠난 가수 신해철의 〈일상으로의 초대〉의 가사다. 평범한 우리 일상이 특별함을 표현한 노래다. 우리는 일상을 의미 없이 흘려 보내버린다. 잠을 자고, 밥을 먹고, 음악을 듣고, 친구를 만나고, 아름다운 풍경을 보고, 운동을 하고, 책을 읽고, 커피를 마시고, TV를 보고, 여행을 하고, 생각을 하고, 휴식을 취한다. 이 순간도 수많은 일상이 삶이 되어 흐르고 있다.

우리에게 소중한 것은 모두 일상에 있을지도 모른다. '내게로 와줘 내 생활 속으로, 나와 함께라면 모든 게 새로울 거야.'라고 신해철이 노래했듯이 일상이 내게로 오면 어떤 새로움이 만들어진다. 일상에 대한 새로운 시선이 필요한 이유다. 일상을 그저 흘려보내는 사람이 있고 일상에 의미를 부여하는 사람이 있다. 일상에 의미가 없다면 삶은 무료해진다. 그러나 일상에 의미를 부여하는 순간, 감정의 교류가 이루어지고 이야기가 되어 흐른다.

우리는 일상에서 소소한 행복을 느낀다. 평범한 일상도 가만히 들여다보면 다양한 순간, 감정, 이야기가 존재한다. 혼자서 커피를 마셔도, 산책을 해도, 음악을 들어도 순간 느끼는 감정은 모두 다르다. 예기치 않았던 옛 친구가 찾아왔을 때의 '반가움', 산행 중에 우연하게 만난 아름다운 풍경에 대한 '감탄', 커피를 마시며 사랑했던 사람이 떠오르는 '슬픔', 대학에 합격했을 때의 '기쁨', 클래식 음악을 들으며 몰려오는 '감동', 소개팅에서 상대방을 기다리며 느끼는 '설렘'등 소소한 일상에서 수많은 감정이 일어난다. 이런 감정들을 흔적으로 남기면, 기록이 되고 역사가 되고 스토리가 된다. 스토리는 잠자는 대중을 깨우기도 한다. 그럴 때 수많은 친구가 만들어지고 스타가 될 수 있다.

그 핵심에 노출이 있다. 그러나 사람들은 자신을 노출하는 것을 꺼려한다. 노출로 비난을 받기도 하기 때문이다. 보통 사람들은 자신의 속마음을 드러내는 것을 좋아하지 않는다. 내면에 담고 있는 것이 정신적으로 좋다고 생각한다. 전문가들은 이런 현상을 '자기개방성' 즉 정신건강의 한 지표로 보기 때문이라고 한다. 여기서 자기 내면의 약점이나 치부를 다른 사람에게 보여줄 용기가 있느냐의 여부로 개인의 정신건강을 가늠하기도 한다. 자신의 내면을 솔직하게 드러내는 사람이 있지만 그렇지 못한 사람도 있다. 외향적이고 적극적인 사람은 자신의 내면을 잘 드러내지만 내향적이고 소극적인 사람은 내면을 드러내는데 망설인다. 내성적인 사람들이 자신의 허물이나 치부를 드러내지 않음으로써 소외되거나 우울증에 걸리거나 정신적으로 극복하기 어려운 상태로 빠지는 경우가 많다. 이런 사람들은 성공의 길을 가기 어렵다. 반면 부끄러운 일이라도 기꺼이 다른 사람들에게 드러내는 사람은 정신적으로 상처를 덜 받고 주위에 친구들도 많다. 정신적으로 건강하다는 것이다.

일상을 노출하는데 필요한 도구들이 많다. 굳이 상대방의 얼굴을 보고 내면을 드러내지 않아도 된다. 소셜미디어로 일상의 감정을 노출하고 기록할 수 있다. 그리고 일상의 노출이 친구를 만들고, 스타가 되고, 정신적으로 건강하게 살 수 있게 해준다.

이제 일상의 노출이 개인의 삶을 바꾸는 시대다. 어떻게 하면 자신을 효과적으로 드러낼 수 있을까? 노출하는 데도 전략이 있어야 한다. 자기 스스로 의미를 찾고, 대중에게도 어필할 수 있는 노출이어야 한다. 그렇게 하기 위해서는 1)일상 테마 선정 2)느끼기 3)순간 저장하기 4)생각 담기 5)기록하기 6)소통하기 단계가 필요하다.

첫째, 일상 테마 선정이다. 일상을 모두 노출하는 것은 무의미하다. 무엇을 노출할지 테마를 선정한다. 테마 선정 기준은 다음과 같다.

- 반복적으로 일어나는 일인가?
- 다양한 형태의 이야기를 끌어낼 수 있는가?
- 대중의 호기심을 유발할 수 있는가?
- 자신이 좋아하는 일인가?
- 기록할 거리가 있는가?

내 경우 일주일의 일상 중 하나가 산에 가는 것이다. 매주 토요일이면 처음 가보는 산을 중심으로 산행을 떠난다. 그리고 산행에서 느낀 점을 기록한다. 이 일을 한 지 10년이 되었다. 이제 매주 산에 가는 것과 기록이 습관화됐다. 즉, 나는 일상 테마를 '숨겨진 산을 찾아가는 길'로 선정했다.

둘째, 느끼기다. 일상은 그냥 흘러가는 것일 수 있다. 중요한 것은 이런 일상을 어떻게 느낄 것인가이다. 여섯 가지 감각(시각, 청각, 촉각, 후각, 미각, 심각)으로 느껴야 한다. 일상의 현상을 눈으로 보고, 귀로 듣고, 코로 냄새 맡고, 손으로 만져 보고, 혀로 맛보고, 마음으로도 느껴라. 이런 6감으로 느낀 것들이 뇌에 전달되어 감정으로 생각으로 전환이 된다. 매주 산행을 할 때 나는 여섯 가지 감각으로 느끼려 한다. 눈으로 멋진 풍경을 본다. 귀로는 새소리, 바람소리, 물소리, 동물이 뛰노는 소리, 비가 떨어지는 소리, 눈보라 치는 소리 등을 듣는다. 손과 몸으로는 바위를 만지고, 나무를 만지고, 꽃잎을 만지고, 시원한 바람을 만지고, 차가운 바람을 만지고, 무더운 바람을 만진다. 코로는 꽃향기, 숲 향기, 동물들의 똥 냄새, 사람 냄새, 오두막에서 스멀스멀 나오는 연기 냄새 등을 맡는다. 혀로는 약수를 마시고, 감, 사과, 도토리, 산딸기, 산나물 등의 맛을 느낀다. 이런 느낌들이 심각으로 이어져 일상의 새로운 '감동'을 만들어낸다.

셋째, 순간 저장하기다. 일상에서 느낀 감동의 순간을 사진(동영상)이나 메모로 남기는 일이다. 일상을 보고 느끼는 감동은 사람에 따라, 시간에 따라, 계절에 따라, 누구와 동행했느냐에 따라 다르다. 나는 그 순간을 스마트폰을 이용해 사진과 메모로 남긴다.

넷째, 생각 담기다. 일상의 감동에 생각을 입히는 단계다. 즉, 자신만의 생각으로 해석하고 평가하고 비평한다. 단순히 일상의 순간을 노출하는 것은 끌림이 없다. 자신만의 생각을 담지 않으면 뻔한 노출이다. 대중을 움직일 수도 차별화도 되지 않는다. 평론가가 되어 자기만의 생각의 무늬를 그려야 한다. 생각의 무늬가

가미돼야 일상이 작품이 된다. 한편의 시가 되고, 아름다운 그림이 되고, 감동을 주는 에세이가 된다. 예술가의 입장에서 작가의 입장에서 일상을 재해석하는 게 좋다.

다섯째, 포스팅(기록)하기다. 일상에 생각의 무늬를 입혔다면, 이것을 대중이 알 수 있는 언어로 기록해야 한다. 자신이 느낀 생각의 무늬를 대중이 읽을 수 있는 언어로 바꿔 줘야 한다. 나의 경우 블로그, 인스타그램, 페이스북을 통해 일상을 기록하고 있다. 또한 파워포인트에도 내용을 기록해서 보관하고 있다. 대중의 눈높이에서 그들이 보지 못한 관점을 담아내는 것이 필요하다.

마지막으로 소통하기다. 대중과 공감하기다. 공감은 좋아요, 댓글, 덧글을 통해 대중과 이야기를 나눈다. 그래야 친구가 생기고 일상의 이야기가 세상 속으로 퍼진다. 아무리 좋은 일상의 흔적이라도 대중과 공감되지 않으면 무용지물이다.

고대 그리스 3대 비극시인 중 한 사람인 소포클레스(Sophocles)는 "내가 헛되이 보낸 오늘 하루는 어제 죽어간 이들이 그토록 바라던 하루다."라고 말했다. 소소한 일상이 중요하다는 얘기다. 소소하고 평범한 일상의 순간, 감정, 이야기를 노출하라. 일상이 우리의 삶이다. 이런 삶이 모여서 역사가 만들어진 것이다. 지금 우리가 살아가는 이 순간을 흔적으로 남긴다면 시간이 흘러 자신의 일상의 역사를 되돌아보며 엄지손가락을 치켜세우지 않을까?

노출이 '창직'이다

1995년 출간된 《노동의 종말》에서 제레미 리프킨(Jeremy Rifkin) 은 "정교한 소프트웨어와 정보기술이 노동자가 필요 없는 사회를 만들 것"이라고 예측했다. 한편 영국 옥스퍼드대학교 마틴스쿨 보고서, 《고용의 미래》는 향후 20년 이내에 지금 있는 직업의 절 반 정도가 사라질 것이라고 예측했다.

인간이 할 수 있는 단순 반복적이고 위험한 일자리를 기계가 대체하고 있다. 사회는 점점 일자리 수가 줄어가고 있다. 개인의 시대는 구직(求職) 사회에서 창직(創職)사회로 바뀐다. 이제 창직 사회를 준비해야 한다. 창직은 자신이 직업을 독창적으로 만드는 것이다. 창작이 예술 작품을 독창적으로 짓거나 표현한 것이라면, 창직은 업(業)을 스스로 노출해서 짓는 것이다. 다시 말해 기존의 업의 개념을 새롭게 해석하고 융합하는 것이다.

그러면 왜 창직인가? 첫 번째로 사회는 이미 무고용 시대, 자기고용의 시대에 진입했기 때문이다. 직업에 대한 가치관도 변했다. 구글이 선정한 최고의 미래학자 싱크탱크 다빈치 연구소 토마스 프레이(Thomas Frey) 소장은 "2030년 무고용 시대, 일자리 20억 개가 사라지지만 일거리는 늘어난다."고 예측했다. 과거보다 빠른 속도로 일자리가 대체될 것이다. 또한 그는 "사람들이 애플리케이션을 내려받을 때마다 일자리가 사라질 것이며, 수천 개의 애플리케이션을 내려받는다면 엄청난 일자리가 사라질 것이다."라고 했다. 이미 '우버'나 '에어비앤비'같은 기업들은 중간관리자의 역할을 소프트웨어가 대체하고 있다. 중간관리자가 필요 없는 시대가 된 것이다.

패스트 푸드점 고용주들은 효율성과 경제성으로 무인 주문기를 설치했다. 심지어 피트니스 트레이너의 역할을 애플리케이션이 하고 있다. 인터넷 전문 은행 출범으로 은행 점포가 급격히 사라지고 있다. 2012년부터 1,000여 개 이상의 은행이 문을 닫았다. 이에 따른 은행원의 퇴직이 줄을 잇고 있다. 이런 현상은 제조, 의료, 법률, 교육, 서비스, 유통, 방송예술 등 모든 분야에서 일어나고 있다. 점점 기계가 사람을 대체하는 무고용 시대가 현실이 되고 있다.

두 번째는 자기고용 시대가 오고 있기 때문이다. 개인의 시대에 기업들은 경영의 효율화와 경제성을 이유로 사람을 고용하지 않고 인공지능을 기반으로 자동화를 추진할 것이다. 그러면 사람들은 기계가 대체할 수 없는 능력을 키우고 일자리를 스스로 만들어야 한다. 기계가 대체할 수 없는 능력이란 무엇인가? 창의력, 예술성, 공감능력 그리고 지능화된 기계를 설계하고 관리하는 능력이다. 이런 부분에서 스스로 일자리를 만들고 스스로 고용할 수 있어야 생존할 수 있다.

마지막으로 직업에 대한 가치관의 변화다. 조직의 시대에는 연봉을 많이 받고, 높은 직위에 오르고, 사회적으로 명성을 얻고, 안정적인 직업을 선호했다. 이런 직업은 개인의 희생을 요구했다. 자신이 하고 싶은 일이 아니라 조직이 원하는 일을 강요받았다. 그러나 개인의 시대는 자율성과 즐거움이 보장된 직업을 선호하는 쪽으로 변화한다. 아무리 높은 연봉을 주어도 자율성과 즐거움이 없으면 사람들은 떠난다.

지금 우리 사회는 전혀 다른 생각을 가진 90년대 생들이 몰려오고 있다. 샤오미의 레이쥔(雷軍, Lei Jun) 회장은 "주링허우(90년대 이후 태어난 젊은 세대)들은 자의식이 강하고 개성을 드러내고 싶은 욕구가 충만하다. 이 점이 놀라운 상상력으로 이끈다."라고 말했다. 이들은 조직의 시대의 질서를 부정하고 자기들만의 개성이 있기 때문에 다루는 방식이 달라야 한다. 조직의 시대 방식으로는 주링허우들의 생각과 직업관을 이해할 수 없다. 이들은 '자기고용'의 시대를 만들어 갈 것이다.

일자리가 사라지는 문제는 창직으로 해결해야 한다. 개인의 시대에는 직업을 구하는 관점이 구직에서 창직으로 바뀌었다. 예를 들어 방송국 PD로 입사한다고 가정해보자. 이 관문을 뚫기 위해 수백 대 일의 경쟁을 통과해야 한다. 그 과정을 위해 학원을 다니면서 암기식 공부를 했을 것이다. 그러나 이제는 그런 시험을 볼 필요가 없이 자신이 PD가 되면 된다. 이제는 나도 사업가, 나도 작가, 나도 PD, 나도 배우, 나도 기자, 나도 평론가, 나도 교수 등 스스로 직업을 만들어 일하는 시대다.

그러면 창직은 어떻게 만드는가? 창직을 하는 사람마다 특성이 있고, 일을 대하는 가치가 다르며, 직업을 바라보는 시각도 다르다. 없는 것에서 일거리를 찾아야 하는 창직은 직상(職想)-직관(職觀)-직형(職形)의 새로운 관점을 가져야 한다. 그리고 이 관점을 모아 직출(職出)해야 한다.

첫째, 직상이다. 직상은 직을 만드는데 필요한 내용(비즈니스모델)을 머릿속에 떠올리는 생각이나 구상이다. 생각은 새롭고 높은 차원에서 '신고직상(新高職想)'을 해야 한다. 신고직상을 한다는 것은 현존의 직을 다른 각도에서 바라보고 한 단계 높은 차원에서 해석하는 것이다. 즉, 현존하는 직을 새롭게 해석하는 것에서 창직이 된다.

정현경 '뮤지코인인베스트먼트' 대표는 음악 저작권에 투자해, 수익을 올리고 창작자도 지원하는 '음악저작권 거래소'를 만들었다. 음악저작권 거래소는 일반인이 음악 저작권에 투자하는 원리가 주식시장에서 돈을 버는 법과 유사하다. 특정 노래에서 매달

발생하는 저작권료를 바탕으로 해당 저작권의 현재 가치를 계산한다. 이후 작사·작곡·편곡자와 협의해서 음악저작권 거래소가 그 권리의 몇 %를 사들일지 결정한다. 이 저작권을 주식처럼 수백, 수천 '조각'으로 나눠 회원을 대상으로 한 경매에 부친다. 낙찰 받은 회원은 보유 저작권에 붙는 저작권료를 매달 정산 받거나, 저작권을 다른 회원에게 판매해 차익을 올릴 수도 있다. 정 대표는 증권 거래 개념을 직상(職想)해서 세상에 없던 음악저작권 거래소를 창직했다.

둘째, 직관이다. 직관은 하나의 업을 만들기 위해 직업에 대한 심도 깊은 관찰을 하는 것이다. 직을 보는 것도 새롭고 깊은 차원에서 '신저직관(新低職觀)'을 해야 한다. 신저직관은 현재 사회가 앓고 있는 변화와 이슈들을 심도 있게 분석하고 문제의식을 찾는 것이다. 그런 문제의식을 해결하는 시선으로 바라볼 때 새로운 직업이 보인다.

마재영 대표는 잉글리시 카페 '조이랜드'를 열었다. 조이랜드는 언뜻 보면 카페와 영어학원을 결합한 문화공간 같다. 조이랜드는 유럽의 뒷골목, 작은 카페에서 만난 현지인과 편안하게 대화를 나누는 꿈 같은 상상이 현실로 된 것 같은 느낌을 받는다고 한다. 그는 중3 때 한국을 떠나 캐나다에서 학교를 다녔다. 한국에 돌아와 보니 우리나라 사람들이 언어를 대하는 방식에 문제가 있다고 느꼈다. 한국의 언어교육은 언어를 학문으로 보고 읽기와 문법 위주의 암기식 공부로 말을 제대로 하지 못하는 문제가 있다. 이런 이슈를 해결하기 위해서는 "언어는 사람과 사람을 잇는 '즐거운' 과정, 생각을 공유하는 '즐거운' 수단이 돼야 한다."고 하며 회사명으로 조이(JOY: 즐기다)를 선택했다. 또한 그는 조이랜드가 어학사업이 아닌 문화사업이라고 강조한다. 영어는 점수와 등급에 치중한 '학문'이 아닌 마음을 나누고 생각을 공유하는 '문화'라는 개념으로 영어를 통한 새로운 문화사업을 창직했다.

마지막으로 직형이다. 직형은 기존의 직업 형식을 따를 것인가 아니면 탈 형식을 할 것인가를 따진다. 기존의 형식을 따르는 것은 창직이 아니다. 과감하게 '신탈직형(新脫職形)'해야 한다. 예를 들어 기자가 되고 싶다면, 언론고시 시험을 준비하는 것이 아니라 자신이 직접 한 분야에 대해서 기사를 쓰고 알리는 것이다. 개인의 시대의 직업은 어떤 절차나 형식이 없이 우리 곁에 온다. 즉, 기자가 되고 싶으면 자신의 생각을 글로 쓰는 것이다.

'길을 나서다'라는 블로그를 운영하는 효빈이 있다. 효빈은 7년여 전부터 우연하게 산행을 시작해 지금까지 전국에 있는 산을 다니면서 찍은 사진과 느낌을 블로그에 올리고 있다. 산행 시작에서 마무리까지 한 편의 스토리를 기록한다. 처음부터 산을 좋아한 것은 아니고, 좀 편안한 곳에서 쉬고 싶어서 시작했다고 한다. 산에 나서는 날만큼은 자유롭고 싶어 오로지 자신만을 위한 시간을 가지고 싶다면서 산에 다녀온 후 재미와 즐거움, 느낌을 블로그에 올리기 시작했다. 어떤 형식 없이 자신만의 감정으로 산에 대해서 평론한다. '산 평론가'가 된 것이다. 그녀의 일상이 '산 평론가'라는 직업을 창직한 것이다.

자신만의 직상, 직관, 직형의 시선을 가져라. 그리고 그것을 지속적으로 대중에게 노출하라. 지금 일자리가 없다고 걱정하지 마라. 창직하면 된다. 진짜 바보 같은 짓은 조직의 시대의 통념으로 다른 사람이 만들어 놓은 일자리를 얻기 위해서 학원에 다니며 영어 공부하고, 시험 공부에 매달리는 것이다. 그 시간에 창직을 준비하고 창직해라.

06

노출로 '인연'을 만들라

행운은 우연과 인연에서 온다. 우연은 신으로부터 오고, 인연은 인간관계에서 비롯된다. 그렇게 행운은 예기치 않은 순간에 예기치 않은 방법으로 다가온다. 그러나 행운을 잡는 사람이 있는가 하면 어떤 사람은 전혀 감지하지 못한다. 삶에서 행운은 준비된 사람을 좋아한다. 우연과 인연은 철저히 준비된 곳에서만 나타난다.

지금도 순간순간 일상에서 많은 우연과 인연이 스쳐 지나고 있다. 무연이 우연을, 우연이 인연을, 인연이 운명을 만든다. 연이 없으면 아무 일도 이루어질 수 없다. 무연에서 우연이 만들어지는 게 세상사다. 홀로 산다면 모를까 모든 사람에게는 우연이 있게 마련이다.

우연(偶然)은 무엇인가? 우연은 뜻하지 않게 일어난 일을 말한다. 뜻하지 않게 일어난다고 해서 노력 없이 다가오는 것은 아니다. 철저히 준비된 사람에게만 온다. 그리고 우연이 인연(因緣)을 만든다. 삶에서 인연이 맺어져야 어떤 역사 또는 성과를 만들 수 있다. 그것을 우리는 운명이라고도 한다.

필연(必然)과 업연(業緣)으로 이어지는 게 인생사다. 필연은 반드시 그렇게 되도록 되어 있는 일, 업연은 직업이나 일로 인하여 맺어지는 인간관계를 말한다. 업연 관계가 되어야 경제적으로 독립하고 자아실현을 할 수 있는 단계로 이어진다.

생(삶, 운명)

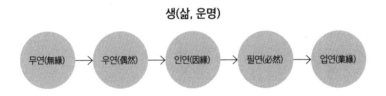

행운을 가져오는 사람은 무연에서 업연까지 만들어 간다. 내게도 예상치 못하게 우연히 찾아왔다. 3년 전에 인터넷 신문인 A사의 발행인으로부터 연락이 왔다. 신문에 연재로 칼럼을 써달라는 것이다. 발행인과 만나서 협의 후 칼럼을 주기적으로 기고했다. 칼럼을 요청받게 된 것은 책을 썼기 때문이다. 책을 통해 노출이 이루어졌고, 그 노출 덕분에 칼럼을 쓰기 시작했다. 이를 계기로 책을 통해서뿐만 아니라 칼럼을 통해서 세상에 내가 노출되었고 여러 군데서 강의와 칼럼 요청이 들어왔다.

그 당시 나의 목표는 책을 몇 권 쓰는 것이었다. 책을 쓰기 위한 준비를 하고 있었다. 이러한 우연은 모두 노출했기 때문에 찾아왔다. 이처럼 우연은 준비가 될 때 온다. 노출의 결과로 나에게는 몇 가지 변화가 생겼다.

첫째, 기업체, 정부기관, 교육기관 등에서 강의 요청이 들어왔다. 만약 노출이 없었다면 세상은 나를 찾지 않았을 것이다. 강의는 내가 지금까지 만나왔던 인연들을 넘어 또 다른 인연들을 만나게 해주었다. 강의 준비를 하면서 새로운 시각으로 생각하는 습관도 생겼다.

둘째, 기업체 사보, 전문 잡지사 등에서 기고 요청이 들어왔다. 내가 쓴 글이 잡지에 기고되고 새로운 독자를 만나게 된 것이다.

셋째, 정부기관, 교육기관 등에서 전문위원, 자문위원을 맡아달라는 요청도 들어왔다.

넷째, 나의 노출 즉 글을 읽은 독자들로부터 편지를 받고 사인 요청도 받게 되었다.

다섯째, 오프라인 상에서 새로운 사람들을 만나게 되었다. 기존에 만나지 못했던 기자, 소설가, 작가, 사업가, 대학생 등을 만나고 이야기하는 기회가 주어졌다.

마지막으로 새로운 생각망(網)의 형성이다. 글을 통해서 전달된 나의 생각들이 반향을 일으키고, 그 반향들이 또 다른 생각으로 되돌아와서 또 다른 생각의 체계(Thinking Architecture)를 만들게 된 것이다. 이는 또 다른 우연을 만들고, 그 우연이 인연이 되고, 그 인연이 새로운 노출을 할 수 있는 계기가 되었다.

또한 나는 이렇게 만들어진 생각과 글들을 SNS를 통해 대중과 공유한다. SNS에서 새로운 인연을 만나는 것이다. '은서기'라는 이름이 서서히 세상 속으로 퍼져나가는 소리가 들린다. 얼마의 크기로 파문을 일으키며 퍼져나갈지는 모른다. 분명한 것은 내가 만들어가는 '노출'이 새로운 우연을 만든다는 것이다. 준비된 노출이 우연과 인연을 만드는 것이다.

우연과 인연을 만들 '준비'를 어떻게 할 것인가? 다음과 같은 나만의 성공 노출 자산을 마련하라.

- 나만이 노출할 수 있는 것이 무엇인가?
- 남보다 잘 노출할 수 있는 것이 무엇인가?
- 꼭 해보고 싶은 노출은 무엇인가?
- 운명을 걸고 노출하고 싶은 것이 무엇인가?

'나만이 노출할 수 있는 것이 무엇인가?'는 새로운 것을 보는 눈이다. 이 눈은 세상이 필요로 하는 것이 무엇인지 파악하는 능력이다. 다른 사람들이 읽지 못하는 생각과 다른 사람들이 하지 못하는 용기를 갖추는 것이다. 위 네 항목에 대해서 생각하고 계획을 세워 실천해야 한다. 필자의 경우 '사이경영'이라는 세상에 없는 영역을 노출자산으로 만들기 위해 운명을 걸 생각이다.

나의 경우 '나만이 노출할 수 있는 것은 무엇인가?'에 대한 답은 '사이경영'이다. '남보다 잘 할 수 있는 것이 무엇인가?' 에 대한 답은 '사이경영'에 대한 개념과 체계를 만드는 것이다. '꼭 해보고 싶은 노출은 무엇인가?' 에 대한 답은 '사이경영'에 대한 개념을 정립하고 책을 쓰는 것이다. '운명을 걸고 노출하고 싶은 것은 무엇인가?'에 대한 답은 '사이경영' 분야를 연구하여 논문을 세상에 내놓는 일이다. 이처럼 자신만이 할 수 있는 성공 노출자산을 만들어야 한다.

좋은 인연을 만나고 싶다면 스펙이나 경제력 그리고 단순한 만남 보다는 노출자산을 축적하고 공유하라. 인연의 인(因)의 뜻은 부모에게서 이어받은 것, 친구에게서 배운 것, 세상에서 시행착오를 통해서 얻은 지혜 같은 것이다. 연(緣)의 뜻은 외적인 것을 얻어 자신의 꿈, 희망, 행동, 의지, 신념, 소명, 길 등이 되는 것이다. 그렇게 함으로써 세상에 살아있다는 것을 인정받기 위해서 끊임없이 무언가를 배우고 노력한다. 인연이 있어야 운명이 만들어진다.

운명은 어떻게 결정되는가? 개인의 시대에 인간의 운명을 결정하는 것은 권력, 지위, 돈, 명예가 아니다. 자기 노출이다. 노출은 자신의 삶을 살고자 하는 의지이다. 운명을 바꾸고 싶다면, 노출하라. 자신이 가지고 있는 것을 노출하라. 몸도 좋고, 일상도 좋고, 생각도 좋다. 잘 찍은 사진도 좋고, 자신이 그린 그림도 좋다. 자신이 만든 물건도 좋다. 그렇게 노출하다 보면 우연이 만들어지고 인연으로 이어져 운명을 바꾸고 성공의 문 앞에 이를 것이다.

노출하는 순간부터 당신의 운명은 바뀌기 시작한다. 삶에서 우연히 되는 건 하나도 없다. 당신이 이 장소, 이 순간에 이런 일을 하고 있는 데는 이유가 있다. 어떤 사람은 이 순간에도 우연을 만나고, 어떤 사람은 그냥 시간을 보낸다. 이런 차이가 사람의 운명을 가른다. 같은 순간에도 우연을 만드는 사람이 있다. 사전에 정해진 우연은 없다. 그러나 이런 우연이 인연을 만들고 운명을 결정한다. 어제, 오늘 그리고 미래를 그리며 준비해야 우연이 다가온다.

07

노출을 넘어, 성장하는 삶을 위하여

사람들은 직장생활이 계속될 것처럼 살아간다. 주어진 오늘의 시간만을 바라보며 시간과 열정을 쏟아 붓는다. 그러나 모든 것은 끝이 있기 마련이다. 스티븐 코비는 "끝을 생각하며 시작하라."고 했다. 무슨 일이든 시작하기 전에 끝이 어떻게 될지 생각해야 자신이 가진 시간과 열정을 적절하게 쓸 수 있다. 끝 지점이 어떤 모습일지 모르고 힘만 쓴다면 하루하루가 고달프다. 가치를 실현하는 일보다는 누군가로부터 지시를 받는 삶을 살기 때문이다.

누군가로부터 지시를 받고 산다면, 자신이 가진 시간과 열정을 제대로 쓸 수 없다. 자신이 가진 힘을 제대로 쓸 수 없는 것은 확실한 자아가 없기 때문이다. 조직의 시대에는 이런 자아가 없어도 그럭저럭 살 수 있었다. 그러나 개인의 시대는 다르다. 개인의 시대에 사람들에게는 다음과 같은 특징이 있다.

- 다양한 정보를 손쉽게 접근하고, 수평적 의사소통을 한다.
- 자존감이 강하고, 자아성취를 중시한다.
- 선택의 자유를 중시하고 개인의 취향을 존중하며 재미, 공유, 성장을 중시한다.

직장과 사회문화가 바뀌고 있다. 직장은 복종하고 헌신해야 할 대상이 아니다. 개인의 가치를 실현해 가는 곳이다. 회사는 자신과 동등한 관계며, 자신의 삶 역시 직장생활과 동등하게 존중 받아야 한다고 생각한다. 사회를 바라보는 생각도 다르다. 조직의 시대에 만들어진 통념을 무조건적으로 수용하지 않는다. 개인의 취향과 맞지 않거나 재미가 없다면 과감하게 거부한다. 조직의 시대에는 조직과 사회를 위해 자신을 헌신하고 희생하며 타인 주도의 삶을 잘 따르는 사람이 성공했다. 그러나 지금은 자기주도의 삶을 통해 개인이 성장하는 사회로 넘어가고 있다.

나의 경우를 보면 대학 졸업 후 운 좋게도 대기업에 들어가 많은 일과 경험을 했다. 30년 넘게 대기업 생활을 했다. 회사생활 초반부 10년은 대우에서 세계경영이라는 기치 하에 상품과 서비스를 만들어 글로벌시장에 나가려고 숱한 야근과 주말 근무를 했다. 안 되면 될 때까지 두드렸다. 그런 시행착오를 거치면서 목표를 달성하는 성취감을 느꼈다. 연봉도 다른 기업에 비해 높았다. 그

당시 의리로 뭉친 선후배들과 일하는 재미도 있었다. 우리가 만들지 못하면 대한민국이 만들지 못하고, 대한민국이 만들지 못하면 세계로 나갈 수 없다는 신념으로 일했다. 더불어 회사도 성장하고 개인도 같이 성장했다.

회사생활 중반부는 IMF를 맞아 삼성으로 자리를 옮기게 된다. 이곳에서도 SI사업이라는 미션을 달성하기 위해 불철주야 일했다. 공공기관, 금융기관, 일반기업, 해외기업 등을 상대로 컨설팅하고, 사업개발도 하며 세상에 없는 서비스와 비즈니스 모델을 만들기 위해 시간과 열정을 쏟아 부었다. 회사생활에 헌신한 결과 결혼도 하고, 자식도 낳고, 집도 장만하고, 어느 정도 돈을 모았다. 남들은 대기업에 다니고, 집도 있으면 성공한 것 아니냐고 말한다. 과연 그럴까?

그러다 회사생활 후반부를 맞았다. 어느덧 은퇴할 시간이 되었다. 과연 지금까지 내가 살아온 삶이 제대로 된 것인가 돌아볼 때 '아니다'라고 답변할 수밖에 없었다. 지금까지 나는 나 자신의 생각대로 나의 삶을 산 것이 아니라 조직 혹은 상사가 시키는 일을 하면서 타인의 삶을 살았기 때문이다. 요즘 대학을 졸업한 젊은이들은 공무원이나 대기업에 입사하기 위해서 자신의 모든 시간과 에너지를 쏟는다고 한다. 심지어 졸업을 늦춰가며, 취업재수를 하며 학원가를 돌고 있다. 과연 이 길밖에 없어서 일까? 아마 대안이 없어서 그럴 것이다.

대기업에 들어와도 50대 전에 회사를 그만두는 경우가 많다.

치열한 경쟁에서 밀리고 나이가 들어 명예퇴직에 내몰리기도 한다. 요즘 공무원 인기가 높다. 그러나 공무원 조직도 별반 차이가 없다. 차이라면 정년까지 안정적으로 신분이 보장되고 퇴직 후 연금을 많이 받는 정도다. 지금은 100세 시대다. 50대 중반 또는 60대에 퇴직해도 40~50년을 더 일해야 한다. 타인의 삶을 살아온 사람들에게는 암울한 시기가 또 시작되는 것이다.

지나온 삶에서 얻은 교훈이 있다. 성공한 삶이 아닌, 성장하는 '가치 있는 삶'을 사는 것이 중요하다는 것이다. 가치 있는 삶이란 타인의 생각이 아닌 나의 생각을 따르는 삶이다. 즉, 주인의 삶을 사는 것이다. 자신의 생각, 감정, 시간, 힘을 스스로 만들고 활용할 줄 아는 삶이다. 타인에 의해 구속 당하는 것이 아니라, 타인을 위해 희생하는 것이 아니라 자신이 좋아하는 것을 하며 성장하는 것이다. 자기 이름으로 된 산출물과 성취감을 느낄 때, 가치는 더욱 높아진다.

가치 있는 삶을 위해서 어떻게 해야 하나?

첫째, 인생을 멀리 그리고 길게 보자. 긴 안목으로 인생을 설계하는 것이 필요하다. 철학자 김형석 교수는 인생을 0~29세, 30~59세 그리고 60세 이후 등 3단계로 분류했다. 29세까지는 무조건 배워야 하는 시기로 인생의 근간이 되는 뿌리를 만드는 시기라고 했다. 평생 어떤 인생을 살고 어떤 일을 할지 계획을 세워야 하는 시기다. 30~59세까지는 일을 하며 가치관을 확립하는 시기다. 돈보다는 일의 가치가 중요하며, 인간관계가 중요한 시기라고 했다. 마지막 60세 이후는 제2의 인생을 시작하는 시기이자 열매를 맺는 시기다. 가장 행복한 시기이며, 철이 드는 시기라고 한다. 또 그는 75세까지 성장이 가능하다며 계속 일하고 책을 많이 읽으라고 충고한다.

둘째, 사회에 대해 문제의식을 가져라. 사회는 사람들이 살아가는 공동체다. 그 속에는 여러 이슈가 존재한다. 이런 이슈에 관심을 가질 때, 사유, 삶의 의미, 가치 등이 생긴다. 사회적으로 큰 문제를 인식하고 해결하는 사람은 다른 사람에게 영향을 미치며 산다. 이런 사회적 이슈에 자신의 시간과 역량을 쏟을 때 가치 있는 삶을 완성한다.

셋째, 자기 이름으로 된 일을 하라. 조직에서 하는 일은 자기 이름이 남지 않는다. 사업을 해도 자기 이름으로 하라. 책을 써도 자기 이름으로 쓰라. 그림을 그리더라도 자기 이름으로 그려라. 직업을 찾을 때도 조직이 있어야 할 수 있는 일보다는 자기 스스로 할 수 있는 일을 찾아야 한다. 그래야 가치자산이 된다.

넷째, 일을 할 때는 끝을 생각하며 시작하라. 끝을 생각한다는 것은 어떤 일이 완성되었을 때의 to-be 이미지를 그리는 것이다. 직장생활을 시작하는 신입사원의 경우 '이 회사를 떠날(은퇴) 때 어떻게 기억되고 싶은가?'라는 질문에 답변을 준비하면 된다. 그 어떤 모습이라는 to-be 이미지를 그렸다면 직장을 다니는 동안 자신이 어떤 부분에 시간과 열정을 쏟을지 명확해진다. 일을 대할 때 가치가 달라지는 것이다. 일도 마찬가지다. 일을 시작하기 전에 일이 끝나면 만들어질 to-be 이미지를 그린다면 불필요한 힘을 쓰지 않을 것이다.

마지막으로 40대에 경제적으로 독립할 수 있도록 해라. 대학을 졸업하고 사회에 진출하는 나이는 남자의 경우 26세, 여자의 경우는 24세 정도다. 30세가 되기 전 4~6년 동안 향후 자신이 무엇을 하며 살지 탐색하라. 그리고 50세가 되기 전에 평생 쓸 돈을 벌 수 있는 방법을 찾아라. 돈의 규모는 중요치 않다. 앞으로 100세까지 어떤 일을 하며 살지 계획하는 게 중요하다. 그러면 얼마 정도의 돈이 있어야 할지 계산이 될 것이다. 필요한 돈이 계산되었다면 15여 년 동안 그 돈을 어떻게 벌지 전략을 짜라. 그리고 그 돈을 벌기 위해 모든 것을 걸어라.

사람들은 평생 필요한 돈을 분할해서 월급으로 받으려고 한다. 바로 여기서 불행이 온다. 월급을 받기 위해서 평생 일해야 하기 때문이다. 만약 당신이 40대에 평생 벌 돈을 모았다면, 남은 50년간 돈을 벌기 위한 고생에서 벗어나 좀더 가치 있고, 재미있는 일을 할 수 있다. 사회를 바꾸는 일, 인류 문제를 해결하는 일 등 말이다.

이 책은 개인의 시대의 생존법인 노출에 대한 내용이다. 왜 노출을 해야 하는가? 가치 있는 삶을 위해서다. 가치 있는 삶은 자기가 규칙(Rule)을 만들고, 자기의 비즈니스를 만들고, 자기의 조직과 추종자를 만들고 자기가 세상을 움직이는 주체로 산다. 내가 어떤 일을 하고 있느냐에 따라 가치 있는 삶이 결정되는 게 아니라 내가 무엇을 노출하느냐에 따라 가치 있는 삶이 결정된다. 모두에게 기회는 주어지지만 노출의 정도에 따라 가치는 다르게 매겨진다. 타인의 생각을 따라가는 삶을 살 것인가 아니면 자신의 생각대로 살 것인가. 이제 당신이 결정해야 할 시간이다.

에필로그

가치 있는 삶을 위하여

나는 대우와 삼성에서 30여 년간 IT서비스 산업 발전을 위해 일을 했다. 엔지니어, 컨설턴트, 프로젝트매니저, 사업개발자로 국내와 해외 현장에서 앞만 보고 달려왔다. 그 과정에서 어려움도 많았지만 성취도 많았다. 1980년대에 대학에 들어가 운 좋게 대기업에 입사해 집도 장만하고, 가정도 꾸리며 남부럽지 않은 삶을 살아왔다고 생각했다.

대부분의 사람들은 조직의 시대가 만들어 놓은 성공방정식을 풀면 성공할 것이라는 믿음으로 살아왔다. 또한 좋은 대학에 들어가고, 좋은 직장을 잡고, 또 높은 지위에 오르고, 사회적으로 명성을 얻으면 성공한다는 획일화된 공식으로 살았다.

대학을 졸업해도 취업하기 어려운 사회다. 설령 직장을 잡아도 경쟁에서 살아남기가 어렵다. 그 속에서 성공하려면 많은 자기희생이 따른다. 아무리 노력해도 조직의 시대가 말하는 성공을 이루기는 어려운 게 사실이다. 4차 산업혁명의 물결, 긱 이코노믹, 소확행 등의 출현으로 사람들의 가치관도 빠르게 변하고 있다. 이제 성공에 대한 관점을 바꿔야 한다. '성공을 추구하는 삶에서 가치 있는 삶'으로 말이다.

4차 산업혁명은 사람을 노동으로부터 해방시킬 것이다. 단순하고 반복적인 일은 물론, 정신적인 영역의 일까지 로봇과 인공지능이 대체하고 있다. 아무리 공부를 많이 하고 스펙을 쌓아도 성공하기 힘든 시대다. 왜 갈수록 일자리는 줄어들고, 경쟁은 치열해지고, 인간의 가치는 떨어지고, 삶의 만족도는 떨어질까? 어떻게 하면 자신의 자존감을 높이고 가치 있는 삶을 살 수 있을까? 이 질문이 동기가 되어 이 책을 쓰게 되었다.

이제 사람들은 성공을 위해 자신을 희생하려 하지 않는다. 가치 있는 삶을 살려고 노력한다. 성공을 넘어 가치 있는 삶을 살기 위해서는 어떻게 해야 될까? 이에 대한 답변으로 필자는 《1등 프레젠테이션 비법, 삼성 은부장의 프레젠테이션》에서 성공하기 위해서는 '프레젠테이션'이 중요하다는 것을 이야기 했다. 《4차 산업혁명 시대의 언어품격-언어가 당신을 리더로 만든다》에서는 '리더십 역량'을 이야기했고, 그 핵심에 '언어'가 있다고 이야기했다.

이번에 쓴 《이제 개인의 시대다》에서는 '노출'의 중요성에 대해서 이야기를 했다. 삶의 방식도 성공한 삶을 넘어 가치 있는 삶으로 바꿔야 한다. 가치 있는 삶이란 타인을 의식하지 않는 삶 즉, 조직의 시대에 사회가치의 통념을 벗어나 '자기노출'을 통해 드러나지 않은 자기를 재정의하여 새로운 가치를 창출하는 것이다. 이제 나는 또 다른 가치 있는 삶의 키워드를 위해 다섯 번째 여행을 떠날 예정이다.

개인의 시대에는 성공하는 삶을 뛰어 넘어 가치 있는 삶을 살아가야 한다. 어느 누구나 노출을 통해 가치 있는 삶을 창조할 수 있다. 개인의 시대에는 모든 것이 직업이 된다. 그리고 그 직업은 스스로 만든다. 이 책을 읽는 모든 분이 자신의 룰을 만들고 자신만의 노출을 통해 가치 있는 삶을 살았으면 한다. 부족한 부분에 대해서는 독자 여러분의 넓은 양해를 바라며, 또 다시 만날 것을 약속한다. 가치 있는 삶을 창조하려는 모든 사람에게 이 책을 바친다.

은서기

언택트 시대, 노출 플랫폼에서 나를 알리며 사는 법

이제 개인의 시대다

지은이 | 은서기
펴낸이 | 박상란
1판 1쇄 | 2020년 9월 15일
펴낸곳 | 피톤치드
교정교열 | 이슬 디자인 | 김다은
경영·마케팅 | 박병기
출판등록 | 제 387-2013-000029호
등록번호 | 130-92-85998
주소 | 경기도 부천시 길주로 262 이안더클래식 133호
전화 | 070-7362-3488
팩스 | 0303-3449-0319
이메일 | phytonbook@naver.com

ISBN | 979-11-86692-50-9 (03320)

「이 도서의 국립중앙도서관 출판예정도서목록(CIP)은 서지정보유통지원시스템 홈페이지(http://seoji.nl.go.kr)와 국가자료
공동목록시스템(http://www.nl.go.kr/kolisnet)에서 이용하실 수 있습니다.(CIP제어번호 : CIP2020034537)」

• 가격은 뒤표지에 있습니다.
• 잘못된 책은 구입하신 서점에서 바꾸어 드립니다.